马克思主义学生读本

马克思主义的来源

丛 书 主 编：韩喜平

本 书 著 者：王梦婷　陈雪娇

编 委 会：韩喜平　邵彦敏　吴宏政
　　　　　　王为全　罗克全　张中国
　　　　　　王　颖　石　英　里光年

吉林出版集团股份有限公司

图书在版编目（CIP）数据

马克思主义的来源 / 王梦婷, 陈雪娇著. -- 长春 : 吉林出版集团股份有限公司, 2012.12（2021.2重印）
（马克思主义学生读本）

ISBN 978-7-5534-1152-1

Ⅰ.①马… Ⅱ.①王… ②陈… Ⅲ.①马克思主义—来源—青年读物②马克思主义—来源—少年读物 Ⅳ.①A81-49

中国版本图书馆CIP数据核字(2012)第291611号

马克思主义的来源
MAKESI ZHUYI DE LAIYUAN

丛书主编：韩喜平
本书著者：王梦婷　陈雪娇
项目策划：范中华　徐树武
责任编辑：陈　曲
出　　版：吉林出版集团股份有限公司
发　　行：吉林出版集团社科图书有限公司
电　　话：0431-81629720
印　　刷：永清县晔盛亚胶印有限公司
开　　本：710mm×960mm　1/16
字　　数：100千字
印　　张：12
版　　次：2012年12月第1版
印　　次：2021年2月第4次印刷
书　　号：ISBN 978-7-5534-1152-1
定　　价：36.00元

如发现印装质量问题，影响阅读，请与出版方联系调换。

序　言

习近平总书记指出，青年最富有朝气、最富有梦想，青年兴则国家兴，青年强则国家强。青年是民族的未来，"中国梦"是我们的，更是青年一代的，实现中华民族伟大复兴的"中国梦"需要依靠广大青年的不断努力。

要提高青年人的理论素养。理论是科学化、系统化、观念化的复杂知识体系，也是认识问题、分析问题、解决问题的思想方法和工作方法。青年正处于世界观、方法论形成的关键时期，特别是在知识爆炸、文化快餐消费盛行的今天，如果能够静下心来学习一点理论知识，对于提高他们分析问题、辨别是非的能力有着很大的帮助。

要提高青年人的政治理论素养。青年是祖国的未来，是社会主义的建设者和接班人。党的十八大报告指出，回首近代以来中国波澜壮阔的历史，展望中华民族充满希望的未来，我们得出一个坚定的结论——实现中华民族伟大复兴，必须坚定不移地走中国特色社会主义道路。要建立青年人对中国特色社会主义的道路自信、理论自信、制度自信，就必须要对他们进行马克思主义理论教育，特别是中国特色社会主义理论体系教育。

要提高青年人的创新能力。创新是推动民族进步和社会发展的不竭动力，培养青年人的创新能力是全社会的重要职责。但创新从来都是继承与发展的统一，它需要知识的积淀，需要理论素养的提升。马克思主义理论是人类社会最为重大的理论创新，系统地学习马克思主义理论有助于青年人创新能力的提升。

要培养青年人的远大志向。"一个民族只有拥有那些关注天空的人，这个民族才有希望。如果一个民族只是关心眼下脚下的事情，这个民族是没有未来的。"马克思主义是关注人类自由与解放的理论，是胸怀世界、关注人类的理论，青年人志存高远，奋发有为，应该学会用马克思主义理论武装自己，胸怀世界，关注人类。

正是基于以上几点考虑，我们编写了这套《马克思主义学生读本》系列丛书，以便更全面地展示马克思主义理论基础知识。希望青年朋友们通过学习，能够切实收到成效。

韩喜平

2013年8月

目　　录

引　言

　　众所周知，马克思主义是无产阶级解放斗争的科学的理论体系。马克思主义的形成与整个欧洲政治、社会理论传统息息相关，它形成的前提就是整个欧洲社会思想的发展，这在18世纪和19世纪已经达到很高的成就。它伴随着无产阶级解放斗争的历史需要而产生，它的产生经历了一个批判与继承人类文化优秀遗产的过程，是人类思想与文化发展史上划时代的伟大变革。而这一过程同时也是它的创始人积极参加现实的政治斗争与工人运动并总结其经验的过程，是他们不断战胜当时工人运动中流行的各种错误思潮的过程。

　　由于马克思主义是一个综合的体系，因此，对于马克思主义的考察最好从其发源处开始追溯，考察马克思主义形成的时代背景、理论前提。因此，本书将透视以往研究中不同学者对于"马克思主义"的定义，在纵观其历史成就的基础上，对马克思主义进行整体的分析，从马克思主义的思想体系出发，力争将马克思主义阐述得足够科学；其次，本书将从现实性上考察马克思主义产生的历史背景，包括当时的社会主义体系、阶级关系与工人革命等重大历史事件对马克思主义产生的有利因素；然后，本书将从理论知识上追溯马克思主义产生的理论前提，包括马克思主义对于人类一切优秀文化成果的批判与继承，马克思对法国空想社会主义、德国古典哲学、英国古典政治经济学以及历史科学的研究为马克思主义自身形成创造的条件；最后，本书重点将探究马克思主义与其源头之间的关系，以列宁对马克思主义的阐述为出发点，对于列宁的马克思观进行详细分析，探讨马克思主义与其三个来源间的关系，并从"实践"观点出发，阐释马克思主义的实践观，以及以实践为基础的理论对于传统学说的超越。

第一章　什么是"马克思主义"？

　　理论上，当我们在追问"什么是"这类问题时，较为完整的答案常常罕见。例如，我们问"什么是美德"、"什么是善"、"什么是哲学"等问题时，很容易陷入尴尬。马克思主义也同样如此，我国的初高中政治教材中常常会涉及"马克思主义"，当我们学习中一不小心追问到"什么是马克思主义"时，不少人就被卡住了喉咙。于是，对"什么是马克思主义"、"马克思主义是什么"等相关问题的解释便成为我们理论学习的根源，也成了一切理论研究中无可回避的话题。"什么是马克思主义"作为马克思主义理论的源头与根基，是一个有关马克思主义的本质及其属性等马克思主义观的根本问题。

　　然而，马克思主义作为内涵丰富、外延无限的一整套严密的思想体系，我们可以从不同方面对其进行不同的定义。"马克思主义"从它的创造者、继承人的认识成果讲，可以定义为：马克思主义是马克思、恩格斯创建的、马克思主义者不断加以丰富发展的观点和学说的体系；从它的阶级属性讲，可以定义为：马克思主义是无产阶级和人类解放的科学，尤其是关于无产阶级斗争的性质、目的和解放条件的学说；从它的研究对象讲，可以定义为：马克思主义是一个内容极其丰富的宏伟的科学的理论体系，是关于自然、社会和思维发展普遍规律的学说，特别是关于资本主义发展和转变为社会主义以及社会主义和共产主义发展普遍规律的学说。由此可见，马克思主义理论大到国家的政治体制，小到市民的现实生活，无处不在。现如今，我国所谈论的马克思主义大多是在政治体制的视角下进行的政治阐述。此时，我们首先有必要探究传统思想家对于马克思主义是如何定义的，其定义更有助于我们了解马克思主义产生之初是一种怎样的理论形态；其次，了解当今科学化的马克思主义观是怎样的；最后在传统介绍与科学定义之上，对马克思主义进行整体性的概观。

第一节　传统思想家眼中的马克思主义

马克思主义在不同领域有着不同的定义，它就像一口永远不会枯竭的井，始终处于被挖掘的状态，似乎永远也无法完结。如今对于马克思主义的最为常规的定义是将其看作是完整的、科学的世界观。马克思主义自其产生之日起便开始了对于世界的一切的影响，并形成了全新的思考世界的思维方式。但是，正如黑格尔所言"熟知非真知"，何谓马克思主义，还有待我们在考察其产生与发展的过程中进行详细的理解与探究。

一、马克思：我不是马克思主义者

众所周知，马克思本人生前并不承认自己是"马克思主义者"。我们在研究这一问题时，似乎能听到马克思在大声疾呼："我不是马克思主义者。"马克思之所以不承认自己是"马克思主义者"是因为"马克思主义"最初是作为贬义词而出现的。"马克思主义"一词，最先在19世纪70年代末法国社会主义者的著作中被使用，如1873年无政府主义者巴枯宁，1877年普鲁士农场主、杜林的狂热信徒阿·恩斯，稍晚些的法国可能派的首领布鲁斯，用"马克思主义"这个词诋毁、攻击马克思和他的理论。到了19世纪70年代末到80年代初时法国、俄国有人自称是马克思的学生和"马克思主义者"。马克思曾对此进行过严厉批评，马克思曾经对拉法格说："有一点可以肯定，我不是马克思主义者。"而"马克思主义"一词在正面意义上被使用，是马克思逝世的同一年由考茨基开始的，在后来反对第二国际机会主义的斗争中，它才广泛流传开来。

作为马克思主义的创始人，马克思本人承认他们的学说批判地继承和发展了前人的思想成就。19世纪40年代初，马克思从沸腾的社会政治生活退回到书房，带着在实践中遇到的苦恼问题，从书本上寻求答案，于是就开始了对历史和经济问题的研究。他研究了英、德、美、意、瑞典和波兰等国的历史著作，写下了一本《克罗茨纳赫笔记》。又研究了经济学，特别是古典的经济学著作，写下了9册《巴黎笔记》。在谈到政治经济学理论观点的时候，马克思以赞同的语气承认："基辅大学的政治经济学教授尼基别尔先生在他的《李嘉图的价值和资本的理论》一书中就已经证明，我的价值、货币和资本的理论就其要点来说是斯密—李嘉图学说的必然的产物。"对于马克思主义理论贡献之一的唯物史观的来源，马克思在1852年3月5日致魏特迈的信中就说过："无论是发现现代社会中有阶级存在还是发现阶级间的斗争，都不是我的功劳。在我以前，资产阶级的历史学家就已经叙述过阶级斗争的历史发展，资产阶级的经济学家也已对各个阶级做过经济上的分析。"值得我们注意的是，马克思主义唯物史观的产生，却是从政治经济学的研究得来的。他曾说过："我在巴黎开始研究政治经济学，后来因基佐先生下令……我所得到的、并且一经得到就用于指导我的研究工作的总的结果，可以简要地表述如下：人们在自己生活的社会生产中……随着经济基础的变更，全部庞大的上层建筑也或慢或快地发生变革。"此外，马克思也谈到了宗教与马克思主义理论的关系，他说在德国，宗教批判是一切批判的前提，宗教是这个世界的总问题和总原则等。又在《论犹太人问题》中从时代的问题领域出发演绎了前期的宗教批判理论对其理论的影响。

由此可见，马克思本人总是大方地交代自己思想的源头，他并不在乎别人说他的思想是继承来的，因为他在做的是前人都无法完成的工作，而且没有人能够走到这里。然而，马克思却一次也没有承认过自己是个"马克思主义者"，无论马克思主义是被贬还是被褒。

二、 恩格斯：这个理论用他的名字命名理所当然

实际上，作为马克思的亲密战友，恩格斯也没有完整清晰地表述过"马克思主义"这一概念的内涵，仅仅是在特定场合说过"这个理论用他的名字命名是理所当然的"。恩格斯在《路德维希·费尔巴哈和德国古典哲学的终结》中曾经做过一个注释，说明了马克思主义产生的过程。恩格斯说："我不能否认，我和马克思共同工作40年，在这以前和这个期间，我在一定程度上独立地参加了这一理论的创立，特别是对这一理论的阐发。但是，绝大部分基本指导思想（特别是在经济和历史领域内），尤其是对这些指导思想的最后的明确的表述，都是属于马克思的。我所做的，马克思没有我也能够做到……马克思比我们大家都站得高些，看得远些，观察得多些和快些。马克思是天才，我们至多是

能手。没有马克思，我们的理论远不会是现在这个样子。所以，这个理论用他的名字命名是理所当然的。"这里恩格斯只是说这个理论用他的名字命名是理所当然的，至于这个理论的名称究竟是马克思主义、马克思理论还是马克思思想，恩格斯当时并没有明确指出。

恩格斯在《伦敦来信》和《大陆上社会改革运动的进展》中，论述欧洲各国的社会主义、共产主义运动时，更是重点突出地讲了"欧洲三个文明大国——英国、法国和德国"的情况。他说，英国是"政治经济学的故乡"，从欧文到宪章派，英国人是"通过实践"达到共产主义学说的；大革命后的法国是一个"最讲究政治的国家"，从巴贝夫到圣西门、傅立叶，法国人是"通过政治"达到这个学说的；德国是一个"哲学民族"，德国人是"通过哲学"达到这个学说的，通过从康德到黑格尔和费尔巴哈的德国古典哲学"基本原理的思考而成为共产主义者的"。恩格斯指出，"我们党的学说的各个部分"，"和英国社会主义者一致的地方"要多得多；法国共产主义者在我们发展初期帮助了我们；从"概括人类一切知识领域的哲学体系中引申出来"的德国古典哲学的基本原则，给我们打下了一个比较广泛的基础。然而，共产主义并不是上述某一个国家的"特殊情况"造成的结果，而是"以现代文明社会的一般情况为前提所必然得出的结论"。早年的恩格斯，就是这样论述他们的学说，既直接继承了英、法、德三国的优秀思想成果，又是"人类一切知识"和"现代文明社会"的必然产物和智慧结晶。

三、 列宁：马克思主义是马克思的观点和学说的体系

列宁就马克思主义的主要思想内容，在《卡尔·马克思》中对马克思主义进行了界定。他说："马克思主义是马克思的观点和学说的体系。"列宁的定义言简意赅，他认为马克思主义是一门非常深刻、全面的学问。列宁这里所说的"马克思的观点"，是指哲学观点，即哲学唯物主义、辩证法、唯物主义历史观；"学说"是指经济学说和社会主义学说；这个定义中的"体系"，表达了马克思主义思想理论内容的内在联系。按照列宁的说法，经济学说是其哲学观点的证明和运用，社会主义是经济学说必然导致的结论。此外，列宁为了同背叛革命的第二国际首领们划清界限，还提出了"革命的马克思主义"这一概念。

四、 斯大林：马克思主义是科学

1938年斯大林在《联共（布）党史简明教程》结束语中也曾给马克思主义下了一个定义，他说："马克思列宁主义理论是关于社会发展的科学，关于工人运动的科学，关于工人阶级革命的科学，关于共产主义社会建设的科学。"1950年斯大林在《马

克思主义和语言学问题》中又给马克思主义下了一个定义，他写
道："马克思主义是关于自然和社会发展规律的科学，是关于被
压迫和被剥削群众革命的科学，是关于社会主义在一切国家中胜
利的科学，是关于共产主义社会建设的科学。"斯大林对马克思
主义的定义与列宁不同。在斯大林的界定中，马克思主义的创始
人并没有出现，斯大林是从马克思主义的阶级属性和利益属性出
发来定义马克思主义的，从马克思主义这门科学的研究对象着
眼，给它设定的定义，即"马克思主义是工人阶级根本利益的科
学表现"。斯大林的界定较之列宁的界定在内涵上更加丰富和具
体，但他所言的这几个判断是并列的，是用阐释的方法在评断马
克思主义，并没有揭示马克思主义作为一个完整的世界观的整体
性，没有揭示这个世界观的三个组成部分及其内在逻辑联系，也
没有揭示这个世界观的重点所在。对于从逻辑角度下定义的方法
来说，斯大林的定义尚须进一步揭示马克思主义的具体内涵。

五、毛泽东：我们的党是以马克思列宁主义的理论为基础的党

毛泽东同志也对马克思主义的内涵进行了概括与定义。毛泽
东在中共七大的政治报告中指出："我们的党从它一开始就是一
个以马克思列宁主义的理论为基础的党，这是因为这个主义是全
世界无产阶级的最正确最革命的科学思想的结晶。"建国之后，

毛泽东对马克思主义的内涵做了进一步的说明，1955年3月，毛泽东在《在中国共产党全国代表会议上的讲话》中说："马克思主义有几门学问：马克思主义的哲学，马克思主义的经济学，马克思主义的社会主义——阶级斗争学说，但基础的东西是马克思主义哲学。"这里毛泽东揭示了马克思主义的组成部分，但是依然没有揭示马克思主义的具体内涵。

此外，近年来有很多知名学者对"什么是马克思主义"的问题进行研究，但从严格的意义上说，从学术研究的角度上还没有给马克思主义一个完整、科学的定义，只是在特定的历史语境中对马克思主义进行阐述。因此，知名学者们对马克思主义的界定，并不能够替代从学术上给马克思主义所下的科学定义。概念是揭示事物本质属性的思维形式，一个完整的概念必须能够完整准确地揭示该事物区别于其他事物的本质属性。知名学者们对马克思主义的理解及其观点反映了他们自己对马克思主义的认识，他们的论述对我们认识和揭示马克思主义的科学内涵，为马克思主义下一个科学的定义提供了重要的认识基础，但是他们关于马克思主义的论述从严格的意义上说，不能够替代科学的定义，因此，本章中将不予介绍。

第二节　科学化的马克思主义的真实内涵

"马克思主义"一词作为马克思、恩格斯创立的学说的总称，马克思在世时就已经出现，在19世纪70年代末法国社会主义者的著作中就曾广泛使用。近年来出现的对马克思主义的科学阐释，即马克思主义是由马克思、恩格斯创立的，为他们的后继者所发展的，以反对资本主义、建设社会主义和共产主义为目标的科学的理论体系，或者简要地说，它是关于工人阶级和人类解放的科学。这一对马克思主义内涵的科学界定，不仅指明了谁是马克思主义的创始人和后继者，而且说明了马克思主义的内在结构、基本特征、理论品质和社会理想。根据这一科学阐述，可以将马克思主义作以下的科学解释：

马克思主义是马克思、恩格斯共同创立的。马克思对马克思主义的创立起了主导作用，所以他们的学说用马克思的名字命名是恰当的。但恩格斯对马克思主义的创立也做出了不可磨灭的贡献，主要有：他在《自然辩证法》中对自然科学中的哲学问题的深刻洞见，他对马克思《资本论》的通俗介绍以及马克思逝世后整理出版马克思的《资本论》遗稿，他在《反杜林论》中对马克思主义的三个组成部分的全面系统的论述，他在《路德维希·费尔巴哈和德国古典哲学的终结》一书中对马克思主义哲学和德国古典哲学的关系、哲学基本问题以及唯物史观的系统发挥，他在《家庭、私有制和国家的起源》一书中对包括人类原始史在内的整个人类历史过程及其发展规律的论述，他在晚年对俄国社会发展道路问题的探索，他晚年在一些书信以及为马克思和他自己以前的著作写的一些序言和导言中对他们以前提出的一些理论观点的局限性的反思等。此外，恩格斯还对军事与战争、文学艺术有很多精辟的论述。长期以来，国内外都有一些学者把恩格斯的思想与马克思的思想对立起来，认为恩格斯背离了马克思主义的精神实质，这种看法是根本不符合实际的。恩格斯在马克思主义的创立中发挥了至关重要的作用。

马克思主义不仅包括它的创始人马克思、恩格斯的理论，而且包括他的继承人的理论，特别是列宁、毛泽东、邓小平等人的理论。恩格斯逝世以后，列宁、毛泽东、邓小平等无产阶级的革命领袖，以马克思、恩格斯创立的理论为基础，结合时代特点和本国的实际情况，从多方面丰富和发展了马克思主义，创立了列宁主义、毛泽东思想和中国特色社会主义理论体系。马克思主义就像一条奔流不息的长河，从它的发源地开始，不断流淌，永不终止。在历史上还没有任何一种学说能像马克思主义这样跨越时空的局限，具有如此普遍而持久的生命力。如果把马克思主义继承人的理论排除在马克思主义之外，马克思主义的生命力就枯竭了。

列入马克思主义谱系的理论，必须是在基本观点、基本立场、基本方法、基本的价值取向等方面与马克思、恩格斯创立的理论前后相继、一脉相承，在本质上相一致的。现在世界上有很多理论使用了"马克思主义"的称谓，如弗洛伊德的马克思主义、存在主义的马克思主义、结构主义的马克思主义、现象学的马克思主义、后马克思主义等等，名目极其繁多。我们并不否认这些"主义"与马克思主义有着这样那样的联系，其中也在不同程度上包含一些可供马克思主义借鉴的合理思想，有的甚至对马克思主义有一些溢美之词或闪光思想，但是，它们的基本观点、基本立场、基本方法、基本的价值取向与马克思主义有根本区别，有的甚至大相径庭。因此，不能把这些"主义"列入马克思主义的谱系。这就和现代世界上许多国家自称为社会主义国家，但由于这些国家的社会制度与马克思、恩格斯创立的科学社会主义理论所讲的社会主义社会制度相差甚远，所以我们并不认为这些国家是社会主义国家一样。

马克思主义的各个组成部分不是彼此孤立、互不联系的，而是组成一个具有内在逻辑联系的科学体系。其中马克思主义哲学是科学的世界观和方法论，政治经济学是马克思主义的理论基础，处于核心地位的则是科学社会主义理论。在马克思主义体系中，哲学是世界观和方法论的指导原则，政治经济学是通向实际生活（如对资本主义生产方式的剖析）的中介，科学社会主义则是应用哲学分析经济事实引出的结论。这三者之间互相渗透、互相补充，构成统一的马克思主义学说。

第三节　马克思主义的基本特征

本质是事物内在的规定性，特征是其外在表现。当我们在了解了马克思的科学本质后，再来尝试着理清马克思主义所具有的基本特征。马克思主义的基本特征是多维度的和相互联系的，并共同揭示出马克思主义理论体系的整体性。探索马克思主义的基本特征对我们准确把握"什么是马克思主义"和理清对马克思主义本质的认识有很大帮助。

一、马克思主义是科学性与革命性的高度统一

首先，马克思主义具有鲜明的科学的世界观和方法论。辩证唯物主义和历史唯物主义是马克思主义科学体系的坚实哲学基础。辩证唯物主义和历史唯物主义是马克思主义最根本的世界观和方法论，它研究并探索了自然、社会和思维的本质及发展的客观规律。马克思主义还创造性地将实践的观点和整个人学理论贯穿于整个理论体系之中。

其次，马克思主义的一切理论和奋斗都致力于实现以劳动人民为主体的最广大人民的根本利益，这是马克思主义最鲜明的政治立场。马克思主义揭示了无产阶级的历史使命是全人类解放。阶级性与实践性是马克思主义政治立场的根本特性。马克思主义是在无产阶级革命实践中产生、发展起来的，阶级和政治色彩极

为鲜明。马克思主义的阶级性表现在它是代表无产阶级的根本利益的。

再次，实现物质财富极大丰富、人民精神境界极大提高、每个人自由而全面发展的共产主义社会，是马克思主义最崇高的社会理想。对此，马克思指出，共产主义的实现要经历不同的阶段，在不同的国家、不同的历史阶段还要有代表那个阶级最广大人民利益的奋斗纲领。

最后，马克思主义理论本身是在实践中得到检验的，实践充分体现出认识和改造世界的应用功能，并且使马克思主义理论在实践中不断得到完善、丰富和发展。在实践中实现了马克思主义科学性与革命性的有机结合。马克思在《关于费尔巴哈的提纲》中写道："哲学家们只是用不同的方式解释世界，问题在于改变世界。"马克思主义不光解释世界更强调要改变世界，它始终关注的是改变世界的实践活动及其内在规律，并把实践的观点作为新唯物主义首要的和基本的观点。

二、 马克思主义是实践性、开放性与发展性的有机统一

马克思说："社会生活在本质上是实践的。凡是把理论导致神秘主义方面去的神秘东西，都能在人的实践中以及对这个实践的理解中得到合理的解决。"由此为共产主义实践运动确立了科

学的理论支点，科学地划清了新旧唯物主义的界限，建立起了意义深远的实践标准，充分体现了实践的本质与特性，表明了马克思主义是具有实践特性的理论学说。

马克思主义本身是具有开放性的理论体系，此开放体系呈现出整体开放趋势。首先，马克思主义的开放性在马克思主义理论创立之初就表现了出来。马克思是在广为借鉴和吸收德国古典哲学、英国的古典政治经济学和法国的空想社会主义理论的基础上创立和构建起来的，是对当时西方思想和理论的扬弃。其次，马克思主义开放性体现在其理论体系是开放的。最后，马克思主义的开放性还体现在现实的改革实践中。

马克思主义是一个动态过程的有机整体，其与时俱进的理论品质决定了它在实践中自我更新和不断发展的重要特性。自马克思主义形成后的近两个世纪以来，马克思主义的创始人与后继者都是在时代变化中不断吸取人类思想、理论和实践的文明成果，进行自我完善和开拓创新，不断探寻及开辟认识和实践真理的道路。

三、马克思主义体系的整体性

马克思主义作为科学的世界观、方法论，成为关于无产阶级和人类解放的学说，整体性是它的一个最基本的特征。我们在认识马克思主义时，应全面地、整体地认识马克思主义。从整体性角度解读马克思主义，是当今深入研究和深刻认识马克思主义的一个新视角。

首先，马克思主义的历史发展具有整体性，马克思主义是适应资本主义生产方式有了相当发展的时代和无产阶级反对资产阶级实践的要求，在对人类文明成果继承和发展的基础上产生的；马克思主义具有逻辑上的整体性，马克思主义的历史起点是无产阶级的革命运动，逻辑起点在于社会化大生产；马克思主义具有内容上的整体性，马克思主义突显的主题是无产阶级与人类的解放，主线在于揭示和体现人类社会的发展规律，最终价值目标是实现人的全面自由的发展；从马克思主义科学内涵看，马克思主义具有内容上的整体性，马克思主义是涵盖众多领域知识的有机整体。其中最主要的是马克思主义哲学、政治经济学和科学社会主义，这三者之间的关系是相互渗透、相互补充的；马克思主义具有实践上的整体性，马克思主义与其他理论的根本不同之处就在于它是一种实践性的理论，其根本目的是为了改造世界，而不仅仅是解释世界。

马克思主义的整体性是对马克思主义彻底而严整的科学理论体系的新的认知和诠释，是对什么是马克思主义的进一步阐明，马克思主义的基本特征是在整体性中体现出来的。整体性反映出马克思主义坚持一切从实际出发、理论联系实际、实事求是、在实践中检验真理和发展真理的优秀理论品质，以及关于无产阶级和全人类解放的卓越理论本质。

马克思主义是科学性与革命性高度融合，理论和实践不断与时俱进、内容及体系非常严整的世界观和方法论，是具有实践性、时代性、开放性及发展性的理论体系，是认识和改造世界、指导社会实践的思想武器，是关于无产阶级革命、人类解放及共产主义事业的伟大学说，其本质是关于无产阶级和全人类的解放。

第四节　马克思主义的整体性概观

根据恩格斯与列宁对于"马克思主义"的划分，马克思主义被划分为哲学、政治经济学与科学社会主义三个部分。这种划分基本上体现了马克思主义的主要内容与基本性质：马克思主义哲学是无产阶级科学的世界观与方法论；政治经济学构成它的主要内容和无产阶级革命的理论依据；科学社会主义成为它的核心，是理论上的最后结论，无产阶级革命的行动指南。对于马克思主义的组成部分的概括成为当今学者研究的基础，但是学者们经常是将这三部分孤立起来，独自研究。这样，就形成了马克思主义理论三大阵营的现状，使得马克思主义本身具有的整体性被肢解。关于马克思主义整体被肢解这一情况，有学者归纳了四点：一是对马克思主义分门别类的研究，损害了马克思主义的整体性；二是刻意制造马克思主义内部的各种对立，破坏了马克思主义的整体性；三是将马克思主义分割为革命的和建设的独立部分，削弱了马克思主义的整体性；四是对马克思主义基本理论观点进行不实、片面或错误的解释，割裂了马克思主义的整体性。由此，马克思主义的整体概观也就无法再完成。我们应该把对马克思主义的定义或研究建立在三部分的整体概观的基础上，恢复马克思主义自身的完满性，从整体上把握马克思主义理论的实质、内涵，提高自身理论水平。

马克思主义的形成绝不是三种或几种主要思想来源的简单拼凑，马克思主义各组成部分同它们各自相应的思想来源有着直接的联系，但也不是仅仅来源于一种与之相关的学科。马克思主义的各个组成部分以对资本主义社会的研究为基础，构成一个有机联系的完整学说，它们的正式产生虽然在时间上有先后顺序，却形成一个彼此制约、相互促进的过程。

第五节　马克思主义立场、观点与方法的整体性

对马克思主义的整体性研究的实质是马克思主义立场、观点、方法的统一。把马克思主义理论整体性研究的实质定位于立场、观点、方法的统一，根本的是要求真正从马克思主义立场、观点、方法相统一为根本出发点来研究问题，整体性研究必须站

在劳动者的立场上，而不是站在资产者的立场上研究问题；得出的观点是维护人民大众的利益，而不是维护少数人的利益；运用历史唯物主义和辩证唯物主义的方法去分析问题，而不是运用其他的方法分析问题。只要是坚持立场、观点、方法的统一，就是整体性研究，得出的就是马克思主义性质的整体性结论。如果不能做到立场、观点、方法的统一，即使把哲学、政治经济学、科学社会主义三大组成部分综合在一起，也不能反映整体性研究的要求，得出的结论也不能真正体现马克思主义的性质。从根本上说，加强马克思主义整体性研究要充分体现马克思主义理论的性质、基本原理的实质、基本观点的内容、分析方法的特征，以及相互之间的内在联系。只有达到这一目标才是真正的整体性研究。因此，要研究和思考的问题是怎样才能达到这一目标。

一是要深刻认识马克思主义是无产阶级或劳动大众的理论这一性质，把握了这一点就把握了马克思主义的基本立场，不是代表大多数劳动大众的理论绝不是马克思主义的理论。二是要把握马克思主义基本原理和基本观点的内容，把握了这一点就把握了马克思主义理论是什么的问题，或者说，就能够回答马克思主义理论具体内容是什么，没有具体内容的抽象的马克思主义是没有实际意义的。三是要把握马克思主义的分析方法，把握了这一点就把握了马克思主义的方法论，把握了分析问题的基本思路和看问题的基本方法，有了这样的方法就为理论研究和得出科学结论奠定了基础。我们所说的坚持马克思主义立场、观点、方法来研究问题，就是要坚持马克思主义性质、马克思主义基本原理和基本观点的内容和马克思主义的分析方法相统一。这种统一是内在的，因而马克思主义整体性研究也一定是内在的。

第二章　历史背景与理论前提

马克思主义是由马克思、恩格斯创立的，以马克思的名字命名的科学体系。从18世纪60年代开始，英国、法国和德国等国先后发生了产业革命。与落后的生产方式比，蒸汽机的诞生大大提高了生产效率，社会生产力开始以前所未有的速度与规模发展起来，资本主义工业化逐步实现。产业革命极大的改变了人与自然的关系，增强了人类改造自然的能力，同时也使社会结构以及人与人之间的社会关系产生了前所未有的新变化。产业革命所催生的新资本主义生产方式，为人类社会创造了巨大的财富，大批工厂和新兴城市拔地而起，通过生产而建立起来的整个社会的联系日益广泛、深入，生产过程的社会性高度发展，任何一个工厂制造出来的任何一种产品都需要整个社会劳动的参与，但是制造出来的产品却不属于整个社会，甚至不属于直接参与制造的人，而是为生产资料的占有者——资本家所拥有。于是，形成了资本主义社会最根本的矛盾——生产的社会性与生产资料私人占有制之间的矛盾。这种矛盾导致生产的无政府状态，进而爆发周期性的经济危机，造成社会生产的巨大浪费。1825年发生了第一次经济危机，从此资本主义国家就不断地受到经济危机的冲击。资本主义生产关系和生产力的矛盾开始尖锐化，无产阶级和资产阶级的矛盾也开始尖锐起来。1831年和1834年里昂工人起义和1838年英国工人宪章运动，标志着无产阶级已经觉醒，在政治上不断成熟，工人运动走上了独立的道路。

面对重重矛盾和问题，各种克服资本主义社会弊端的方案相继出台。资产阶级的思想家出于对资本主义统治利益的维护，极力掩盖社会矛盾和资本主义的弊端，主张以改良主义方式缓和社会矛盾，消除资本主义的弊病，力图使资本主义制度永恒。但这种不触动资本主义统治根基的修修补补，并不能从根本上解决资本主义的基本矛盾。各种空想社会主义者站在劳动者特别是早期无产者的立场上，对资本主义进行了根本的否定，主张建立一个公平而合理的理想社会。然而空想社会主义者却把否定资本主义，改变社会制度的希望寄托于试验、示范和统治者的善心上，这只能是恩格斯所说的"陷入纯粹的幻想"。 19世纪初叶，以圣西门、傅立叶、欧文为代表的空想社会主义的形成，是以英国产业革命与法国资产阶级革命为其历史条件的；以1830年法国推翻封建复辟王朝的七月革命为标志，世界近代进入全新的转折。

由于法、英等国资产阶级已经取得了政治上的统治，在19世纪三四十年代这些国家的资本主义经济得到特别迅速的发展，因而资产阶级同无产阶级的矛盾上升为主要的社会矛盾，并导致它们进行直接斗争的政治局势，这时无产阶级作为独立的革命力量登上了历史舞台，从而形成了创立科学的无产阶级解放斗争学说的历史前提。

第一节　马克思主义应运而生的历史背景

马克思与恩格斯曾经指出："一切划时代的体系的真正的内容都是由于产生这些体系的那个时期的需要而形成起来的。"在这种历史条件下开始呼唤着人们对历史作出新的分析，提出新的理论概括，得出科学的结论。正是在这一时代背景下，马克思、恩格斯在继承并改造了德国古典哲学、英国古典政治经济学和法国空想社会主义的基础上，总结了人类历史的发展规律，深刻地分析了资本主义社会的实质，在对所有方案进行批判的同时，结合无产阶级反对资产阶级斗争的需要，创立了以唯物史观和剩余价值学说两个伟大发现为代表的马克思主义，实现了人类思想史的伟大变革。19世纪40年代后半期产生的马克思主义，也作为无产阶级革命的武器在当时的社会历史条件下应运而生。

一、批判的空想社会主义体系产生

伴随着资本主义制度的产生，现代无产阶级的先驱者开始了自己阶级的独立运动。与此同时，相应理论观点也开始发表，就是开始反对资本主义的剥削与压迫，理论开始导向公有制的理想社会的先进理想。由此，名为"空想社会主义"的思想在此时达到其鼎盛时期，并经历了一个至少长达300年的发展过程。

早在16世纪和17世纪就有对理想社会制度的空想描写，直至18世纪中叶已经开始有了直接的共产主义理论。而18世纪中叶英国产业革命和18世纪末到19世纪初发生的法国资产阶级大革命，促进了资本主义的政治与经济的长足发展，从而使资产阶级与无产阶级之间的矛盾日益暴露。由于当时资产阶级同封建复辟势力的斗争还没有最终决定胜负，因而资产阶级同无产阶级的矛盾还没有上升为主要阶级矛盾。无产阶级仍然无力采取独立的政治行动，而表现为在社会政治生活中的受压迫受困难阶级。也正是当时有所发展但又发展得尚不成熟的资本主义的生产水平和阶级状况，使得空想社会主义达到了它的发展顶峰。

二、封建复辟时期的阶级关系与工人阶级运动

随着拿破仑帝国被欧洲反动联盟最终推翻，欧洲出现了封建制度复辟的黑暗时期。拿破仑统治体制被摧毁后，欧洲各国的内

阁就都由封建贵族统治着。封建复辟势力的代表土地贵族同新兴资产阶级之间的矛盾仍然是主要的社会阶级矛盾。在这种社会政治状况下，自然不会有工人阶级的社会主义运动，甚至还谈不上工人阶级的独立政治运动，工人阶级实际上进行的是民主主义运动；而这种运动大体上还处于从属于资产阶级的自由主义运动的地位。恩格斯曾作出过相关概括："从1815年到1830年，在一切国家里，资产阶级都是革命派中间最有力的组成部分，因而也是革命派的领袖。只要资产阶级本身还在革命，还在进步，工人阶级就不可避免地要充当资产阶级的工具。"

在资本主义经济发展远远落后于英国和法国的德国，当时工人运动的状况也是如此。恩格斯曾讲过，如果说德国资产阶级运动开始于1840年，那么工人阶级的运动则开始于1844年西里西亚和波西米亚的工人运动。他针对德国的情况特别指出："在资产阶级的各个部分，尤其是其中最进步的部分即大工业家还没有获得政权并按照他们的需要改造国家以前，工人阶级运动本身就永远不会是独立的，永远不会具有纯粹无产阶级的性质。"也就是说在一切社会形态下，只有工业资本家阶级夺取政权和建立起它的政治统治后，才谈得上有独立的工人阶级运动。

因此，当时的工人阶级仍是处于从属地位，并没有成为矛盾运动的主体，也并未成为社会运动的主要势力。但另一方面，各种新兴的社会阶级绝不能长期容忍当时危害其自身切身利益的封建复辟制度。

三、法国七月革命在世界近代史上引起的转折

1830年的法国七月革命，是欧洲封建势力复辟以来人民意志最卓越的表现，它实际上是一次全欧洲性的反封建复辟的人民革命。它使得资产阶级取得了对君主专制政体和土地贵族的决定性胜利。法国这次革命成为世界近代史上的一个转折点，在欧洲主要国家引起了强烈的反响。1832年英国选举制度的改革导致了同样的结局，代表工商业资产阶级利益的辉格党推翻了维护大封建土司利益的托利党的统治；英国的无产阶级准备为反抗资产阶级的政治利益而投入战斗。波兰的贵族暴动被镇压下去，比利时的资产阶级顺利取得了政权。意大利也发生过兼有人民的、资产阶级的和民族的性质的起义。当时仍处于封建割据状态的德国，也出现了大规模的起义。七月革命掀起了一场起义的浪潮，恩格斯曾热情赞颂七月革命的历史意义："1830年是最后一个历史转折点，法国的七月革命和英国的改革法案巩固了资产阶级的最后胜利，所有国家都准备进行一场大搏斗。"马克思则深刻地指出了这场革命对于无产阶级的影响，他指出："1830年，最终决定一切危机发生了。法国和英国的资产阶级夺得了政权，从那时起，阶级斗争在实践方面和理论方面采取了日益鲜明的和带有威胁式的形式。"

法国七月革命带来了全新的转折，资产阶级单独的政治统治

的建立，促进了资本主义经济的迅速发展，同时使得资产阶级同无产阶级的矛盾成为主要的阶级矛盾。恩格斯在概括这种社会关系由空想到科学的发展的历史过程时，十分强调这种阶级关系与阶级斗争形势发生巨大变化的意义，并深刻阐明了这种变化的根源，他指出："无产阶级和资产阶级的阶级斗争一方面随着大工业的发展，另一方面随着资产阶级新近取得的政治统治的发展，在欧洲最发达的国家的历史中升到了最首要的位置。"由此，无产阶级开始成为革命运动的主体登上社会历史的舞台，也就意味着无产阶级直接反对资产阶级的自觉斗争开始了。

四、七月革命后社会主义工人运动的兴起

19世纪30年代初至40年代初，法、英、德等国无产阶级爆发了几次大规模的革命运动，这些革命运动把社会主义学说从空想到科学的发展过程中具有重大意义的决定性转变。当时这些运动都是在有一定的工人革命组织起骨干作用的支撑下发展起来的，并随着无产阶级直接反对资产阶级的斗争逐渐展开，各国的工人革命组织相继出现，并在斗争中成长、壮大。然而从他们的理论与认识来看，虽然他们的思想上都本能地带有强烈的革命倾向，但是总的来说，由于对资本主义社会缺乏科学性的认识，他们的政治主张始终未能摆脱空想的性质，而他们的这种认识与主张却成为工人组织与革命运动的指导思想。正如恩格斯所指出的：

"空想主义者的见解曾经长期地支配着19世纪的社会主义观点，而且现在还部分地支配这种观点，英国和法国的一切社会主义者不久前都还信奉这种见解。"这种情况说明，工人阶级主观方面的条件已经不适应现实斗争的客观需要了。

五、 现实斗争对于创立无产阶级解放斗争学说的需求

从19世纪30年代初开始，世界近代历史发展出现了一个新的重大转折。在欧洲发达国家里，资产阶级同无产阶级的矛盾成为主要的阶级矛盾。无产阶级有组织地反对资产阶级的直接斗争日益发展。这些英勇的斗争一方面提供了宝贵的历史经验，同时也表明它急需科学的革命理论去指导。然而当时各国工人革命组织及其领导者，对于工人阶级解放事业的历史条件与性质缺乏科学的认识。工人阶级的无数先进战士通过一次又一次的英勇斗争探索出正确的解放道路。因此，制定无产阶级的新世界观和以此作为理论基础创立指导它进行解放斗争的科学理论，乃是历史发展向日益奋起的工人阶级及其思想家与革命家提出的当务之急。

第二节 "马克思主义"以什么理论为前提依据？

马克思主义同任何新的学说一样，它的创立必须首先从已有

的思想出发，在批判地吸收前人思想的基础上，创新性地提出和发展自己的全新的超越性理论。马克思和恩格斯曾指出："一切划时代的体系的真正的内容都是由于产生这些体系的那个时代的需要而形成起来的。"马克思主义能够作为革命无产阶级的思想体系而赢得世界历史性的意义，正在于它并没有抛弃资产阶级时代最宝贵的成就，而是吸收和改造了人类两千多年来的全部思想中的一切有价值的东西。

马克思和恩格斯在全面确定唯物史观原理时，还明确指出，一定时代的革命思想的存在是以革命阶级的存在为前提的。毋庸赘述，马克思主义作为无产阶级革命的理论武器，自然是以工人阶级作为革命阶级的存在为前提的。

19世纪初叶，圣西门、傅立叶、欧文等的空想社会主义理论的形成，是以英国产业革命与法国资产阶级革命这两大具有世界历史意义的实践作为历史条件的；而以1830年法国推翻封建复辟王朝的七月革命为标志，世界近代史进入一个新的转折。由于英法等国资产阶级已经取得政治上的统治，在三四十年代这些国家的资本主义经济得到特别迅速的发展，因而资产阶级同无产阶级的矛盾上升为主要的社会矛盾，并导致它们进行直接斗争的政治局势。这时无产阶级作为独立的革命力量登上了历史舞台，从而形成了创立科学的无产阶级解放斗争学说的历史前提。

一、 批判与继承人类优秀文化成果的典范

马克思主义作为无产阶级解放斗争的学说，是在对资本主义社会做全面科学研究的基础上产生的，列宁曾经精湛地概括马克思对于以往人类一切优秀成果的吸收并建构革命理论的过程，他说：马克思依靠了人类在资本主义制度下所获得的那些知识的坚固基础；马克思研究了人类社会发展的规律，了解到资本主义的发展必然会走向共产主义，更主要的是它完全依据对资本主义社会所做的最准确、最缜密和最深刻的研究，借助于充分领会以往的科学所提供的全部知识而证实了这个结论。马克思和恩格斯对其思想先驱者们的理论，都作过全面而认真的研究，对它们都给予了应有的历史评价，充分肯定他们的学说对马克思主义形成所产生的积极作用。

二、 吸收空想社会主义直接提供的思想材料

马克思的科学社会主义主要源于法国空想社会主义，马克思、恩格斯曾指出：法国唯物主义起源于洛克的一派"则直接成为社会主义和共产主义的财产"，并且"成熟的共产主义也是直接起源于法国的唯物主义的"。但马克思的社会主义理论也绝不是仅仅起源于法国的空想社会主义的，其中还包括英国的托马斯·莫尔、欧文，意大利的康帕内拉，德国的魏特琳等人的理论影响。

三、 扬弃德国古典哲学中的辩证法

马克思主义哲学主要继承了德国古典哲学的优秀成果，特别是黑格尔与费尔巴哈对马克思的影响极其深远。然而，我们不能简单地认为马克思是将黑格尔的辩证法与费尔巴哈的唯物主义进行简单的拼凑后得到了自己的哲学思想。首先，马克思主义哲学思想包含深厚的西方传统哲学思想。早在马克思青年时代，就以《论德谟克利特的自然哲学与伊壁鸠鲁的自然哲学的差别》为题写作博士论文，马克思主义哲学中吸收了西方传统哲学最原始的、素朴的世界观。在马克思、恩格斯合著的《神圣家族》一书中，曾详细阐述过17、18世纪英法唯物论的传统，并指出了社会主义、共产主义与英法唯物主义之间的必然联系。列宁也曾谈到马克思、恩格斯十分坚决地捍卫了英法唯物论哲学，而且马克思并没有停留在18世纪英法唯物论上，而是用德国古典哲学中的优秀成果丰富并发展了唯物主义哲学。

四、 以英国古典政治经济学为其劳动价值论的基础

马克思主义经济学说主要源于以威廉·配第、亚当·斯密与大卫·李嘉图为代表的英国古典经济学家，但是我们不能将马克思的政治经济学与英国古典政治经济学等同起来。马克思经济学

的产生还与德国哲学中的辩证法存在某种必然关联。正如恩格斯在《卡尔·马克思"政治经济学批判"》一文中指出：唯有他能够从黑格尔逻辑学中把包含着黑格尔在这方面的真正发现的内核剥出来，使辩证法摆脱它的唯心主义外壳，并把辩证法在使它成为唯一正确的思想发展方式的简单形式上建立起来。同样，马克思对于政治经济学的批判就是以这个方法为基础的。

五、历史科学研究对创立马克思主义的重要作用

除以上来源外，资产阶级历史学家、政治学家关于阶级、阶级斗争的思想也是马克思主义的重要来源之一。马克思在1852年致约·魏德迈的信中曾明确指出："至于讲到我，无论是发现现代社会中有阶级存在或是发现各阶级间的斗争，都不是我的功劳。在我以前很久，资产阶级的历史学家就已叙述过阶级斗争的历史发展，资产阶级的经济学家也已对各个阶级作过经济学上的分析。我的新贡献就是证明了以下几点：第一，阶级的存在仅仅同生产发展的一定历史阶段相联系；第二，阶级斗争必然要导致无产阶级专政；第三，这个专政不过是达到消灭一切阶级和进入无阶级社会的过渡。"

当我们仔细考察马克思的大学时代时会发现，马克思当时除热爱哲学外，还对历史学十分感兴趣。在大学期间，马克思就阅读了许多史学著作，其中包括克莱因的《编年纪》、文克尔曼

的《艺术史》以及路登的《德意志人民史》等，并通过结识历史学家卡尔·费里德里希·科本学习到了更多的历史学知识。而在1843至1844年马克思旅居法国时又着重研究了历史，其中尤其以法国复辟时期的历史学为主，重视法国复辟时期的历史学家在人类历史上最先发现了阶级斗争及其作用。然而，马克思不满足于历史学家们用"征服""人的本性"等词语来解释阶级与阶级斗争的产生以及支配着阶级斗争与整个历史的规律。因此，马克思在复辟时期历史学家研究的基础上开始探索新问题，即政治经济学问题，他认为对市民社会的解剖应当到经济学中去寻找。通过对政治经济学的研究，马克思不仅认为阶级斗争是历史发展的新动力，而且认为阶级的存在仅仅同生产发展的一定历史阶段相联系；生产力和交往形式之间的矛盾是一切历史冲突的根源。

恩格斯在《家庭、私有制和国家起源》的第一版《序言》中指出："摩尔根的伟大功绩，就在于他在主要特点上发现和恢复了我们成文历史这种史前的基础，并且在北美印第安人的血族团体中找到了一把解开古代希腊、罗马和德意志历史上那些极为重要而至今尚未解决的哑谜钥匙。"由此，我们不难看出马克思唯物史观乃至整个马克思主义的形成离不开广博的唯物主义哲学、辩证法和政治经济学的知识，但也不能缺少坚实的历史知识，掌握当时历史发展情况及当时历史研究所取得的积极成果，也是马克思主义形成的坚实基础。

第三章　理论与来源

目前国内较为流行的马克思主义来源大致包括三种观点：

一是较为传统的列宁在《马克思主义的三个来源和三个组成部分》一文中所指的德国古典哲学、英国古典政治经济学及法国空想社会主义；

二是马克思主义的来源绝不仅仅是列宁所说的三个，而是还有其他方面，马克思主义的来源包括了马克思主义诞生以前人类所创造的一切思想财富；

三是马克思主义的来源，不能仅仅从其形成的阶段中去考察，还必须从其形成以后的发展中去考察，凡是在马克思主义形成和发展过程中被批判地吸取的一切积极的思想文化成果都是马克思主义的来源。

长期以来，人们关于马克思主义来源的学说见诸于列宁对马克思主义的阐释，但近年来此学说开始引起争议，一些学者为了将马克思主义的产生与世界文明发展紧密联系起来，因此，不满足于将马克思主义限定在三个来源说，并且认为对三个来源的研究肢解了马克思主义本身应有的思想，为保证马克思主义的完整性与圆满性，一些学者开始提出第二种和第三种关于马克思主义来源的说法。当然，列宁曾说过，凡是人类社会所创造的一切，马克思都用批判的态度加以审查过，任何一点也未忽略过去。马克思主义的来源，几乎包括马克思主义诞生以前人类所有的思想财富。但我们研究问题不能如此宽泛，还应当重点研究马克思主义的三个直接来源，但也不主张以这三个来源为限。首先为使"来源"这一问题清楚明白，我们需要先来探究列宁此种说法的具体与真实内涵。

第一节　马克思主义的来源问题

对于"来源"这一问题本身作以考察，列宁意义上的马克思主义来源并非指马克思主义吸收了哪些前人的成果，而是指作为一个理论体系、作为一种学说，马克思主义是从哪里发源的，是从哪种学说作为出发点的。事实上，马克思主义作为具有世界历史意义的理论体系，一定是站在前人的肩膀上的，马克思主义作为后起的一代只能通过对前一代思想的综合而产生，吸取前一代人的思想财富，进行批判性的继承。然而，我们应当清楚地认识到，马克思主义理论的起源一定是首先选定一个立足点，由此点出发形成自己的学说体系的。而马克思的立足点就是那一时代的一个或几个先进的学说，吸收当时先进学说中一切积极的成果。相反，如果马克思主义是直接从人类思想史上去一点一滴地汇集各种成果的，那么最好的情况也只不过是形成一个折中主义来。马克思是以那一时代的思想巨人为师，综合前代人的积极成果，并进行批判性的继承与创造。他以当时的社会实践与工人运动的经验为依据，一方面吸取前辈所取得的成就，另一方面又着力解决已经提出、但尚未解决的问题。在这个吸收的过程中，马克思从思想史的角度去鉴别这些学说中的精华与糟粕，确定以往已经取得的高度。从这一高度出发，创造自己的学说体系。正是在这一过程中，马克思才吸取了历史上和同时代的一切积极成果，形成自己博大精深的理论体系。

恩格斯在《<德国农民战争>第二版序言的补充》中曾大方地谈到，如果不是先有德国哲学，特别是黑格尔哲学，德国科学社会主义就绝不可能创立。然而，德国的理论上的社会主义永远不会忘记，它是"依靠圣西门、傅立叶和欧文这三位思想家而确立起来的"。恩格斯说，社会主义自从成为科学以来，就要求人们把它当作科学看待，也就是说，要求人们去研究它。必须以高度的热情把由此获得的日益明确的意识传播到工人群众中去。这里恩格斯实际上就讲了科学社会主义即马克思主义的"理论"来源和"实践"来源，明确指出它既是对德、英、法三国的优秀思想的批判继承，又是对德、英、法三国工人运动的科学总结。1882年，恩格斯在《<社会主义从空想到科学的发展>德文第一版序言》中谈到，科学社会主义本质上是德国的产物，而且也只能产生于古典哲学，它还是生气勃勃地保存着自觉的辩证法传统的国家，"即产生于德国"。1883年恩格斯对此专门加注解释说："于德国"是笔误，应当说"于德国人中间"。之所以说笔误，是因为早在《反杜林论》的草稿中，恩格斯已经有"与其说在德国还不如说在德国人中形成起来的理论的社会主义"的提法。恩格斯这么写是由于科学社会主义的创造使马克思主义来源的三种类型始于德国人，然而，"科学社会主义并不是专属德国的产物"。它的产生，"一方面必须有德国的辩证法，但是同时也必须有英国和法国的发展了的经济关系和政治关系"。因此，有了英法发展了的经济和政治关系，才可能有英国的古典政治经济学和法国的社会主义，也可能有英国的工人运动和法国工人的政治运动。"只有在英国和法国所出现的经济和政治的情况受到德国辩证法的批判以后，才能产生真正的结果。"因此恩格斯把科学社会主义称为"国际的产物"。从英、法、德三国的上述特点出发，作为科学社会主义产生标志的《共产党宣言》，"把英国当成资产阶级经济发展的典型国家"，"把法国当作资产阶级政治发展的典型国家"，而把"主要注意力集中在德国"。无产阶级的伟大革命导师马克思早在19世纪40年代中期，就认定"德国无产阶级是欧洲无产阶级的理论家，正如同英国无产阶级是它的经济学家，法国无产阶级是它的政治家一样"。

我们看到，从既定的形态上看，马克思主义确实吸收了人类思想史上的一切积极成果；但从马克思主义的创作过程来看，它主要是以当时几个先进学说为出发点，由几个先进的积极成果向自身体系的转变过程中将其吸收进来的。这一出发点就是德国的哲学、英国的政治经济学与法国的社会主义。而对于第二三种关于马克思主义来源的说法虽然表面是把马克思主义体系说的宏大化，但实质上却模糊了马克思主义的来源这一问题本身，抹杀了马克思主义产生的时代性，也使问题本身变得不确定起来。由此，本书仍着重掌握列宁所论及的马克思主义的三个来源和三个组成部分的学说。

第二节　列宁关于马克思主义的"三个来源"说

列宁关于马克思主义的"三个来源"的概括，主要见诸两篇文稿：1913年3月为纪念马克思逝世30周年，列宁撰写了《马克思主义的三个来源和三个组成部分》，文中说，"他的学说的产生正是哲学、政治经济学和社会主义极伟大的代表人物的学说的直接继续"。"马克思学说是人类在19世纪所创造的优秀成果——

德国的哲学、英国的政治经济学和法国的社会主义的当然继承者。"另一篇是1914年11月列宁为俄国《格拉纳特百科词典》写的关于《卡尔·马克思》的词条中重申，"马克思是19世纪人类三个最先进国家中的三种主要思潮——德国古典哲学、英国古典政治经济学以及同法国所有革命学说相联系的法国社会主义的继承者和天才的完成者"。

一、列宁三个来源学说的内涵

列宁"三个来源"所涉及的是马克思主义和资产阶级理论的关系问题。在列宁看来，马克思主义和德国古典哲学、英国古典政治经济学、法国社会主义之间的关系，是"直接继续"、"当然继承者"和"天才完成者"的关系。具体地说：第一，马克思用德国古典哲学的成果，特别是"用黑格尔体系的成果丰富了哲学"，"加深和发展了哲学唯物主义"，并且把它贯彻到底，即把对自然界的认识推广到对人类社会的认识。第二，马克思"严密地论证并彻底地发展"了斯密和李嘉图确立的劳动价值论，并"继续了他们的事业"。第三，"马克思的阶级斗争学说"解决了空想社会主义未能解决的问题，即为消灭资本主义和除旧立新"找到了真正的出路"。

我们在学习列宁对马克思主义三个来源的阐述时，一方面加深我们对马克思主义的认识，同时也是教育我们应当运用马克思主义的态度正确对待人类社会在其发展过程中所取得的积极成果。避免固步自封，僵化不变，而要随着世界文明的发展而发展。因此，在研究马克思主义时，可以跳出对德国古典哲学、英国政治经济学和法国社会主义的评述，学习和继承马克思主义对待人类先进思想的科学态度，批判地吸收马克思所取得的理论成果，以促进马克思主义的发展，只有这样，才能对当前世界提出的种种问题作出科学的答复。实际上，对于"三个来源说"与其他来源说的关系的分析，应该综合列宁在其他文章中对马克思主义来源的论述，如果只是孤立地去分析理解"三个来源"，则不是"三个来源"本身具有"片面性"，而是我们的理解具有"片面性"。列宁是将"三个来源"层层推演出来，并将三个来源有机统一起来的。

第一，列宁不仅强调指出马克思主义的三个主要理论来源，而且不止一次地指出，无产阶级文化只有在全人类发展所创造的文化基础上才能建立起来，共产主义就是所有这些文化的总结和结论。"马克思主义就是共产主义从全部人类知识中产生出来的典范。"并且指出凡是人类社会所创造的一切，马克思都用批判的态度审查过，任何一点都没有忽略过去。因此他在文章的一开头就站在人类和世界文明的高度，指出马克思主义"绝不是离开世界文明发展大道而产生的固步自封、僵化不变的学说"，"马克思的全部天才正在于他回答了人类先进思想已经提出的种种问题"。

第二，世界文明和人类知识是逐渐由不成熟到成熟，同时剔除糟粕的历史进程。因此，如果列宁不在世界文明史中找到具有典型意义的优秀文化作为马克思主义的来源，那马克思主义的真理性就要大打折扣，毕竟文化是一个中性词且具有相对意义。所以我们不能一概而论，把所有的世界文明发展史中的一切文化作为马克思主义的源头。因此，列宁从世界文明和人类知识划出哲学、政治经济学和社会主义三大方面，而这三个方面，是当时欧洲整个自然和社会科学发展试论马克思主义来源的三种类型的最高成就，说马克思主义的产生"正是哲学、政治经济学和社会主义的最伟大代表的学说的直接继续"。因此，全面的论述中又有具体的举证，增加了其观点的说服力。

第三，列宁从哲学、政治经济学和社会主义中各选择一个典型，说马克思主义是"德国的哲学、英国的政治经济学和法国的社会主义的当然继承者"。为什么选这三个国家呢？我们看看恩格斯在《伦敦来信》和《大陆上社会改革运动进展》中的说法就知道了。恩格斯在这两本著作中重点讲了"欧洲三个文明大国——英国、法国和德国"的情况。他说，英国是"政治经济学的故乡"，从欧文到宪章派，英国人是"通过实践"达到共产主义学说的。大革命后法国是一个"最讲究政治的国家"，从巴贝夫到圣西门、傅立叶，法国人是"通过政治"达到这个学说的。

德国是一个"哲学民族",德国人是"通过哲学",通过从康德到黑格尔和费尔巴哈的德国古典哲学"基本原理的思考而成为共产主义者的"。早年的恩格斯,就是这样论述他们的学说直接继承了英、法、德三国的优秀思想成果的。但是,值得注意的是,列宁在这典型体现一般的论述中并没有把三个典型说成专属各自国家的产物。特意指出它们是"人类在19世纪所创造的优秀成果",据此说明马克思主义归根到底是人类世界文明发展的产物。由此我们可以看出列宁在《三个来源和三个组成部分》中是分层次有系统地论述马克思主义的来源的,而且在其他文章中,他多次从不同层面谈到了这个问题。

二、 国内沿用"三分法"的原因

国内沿用马克思主义三分法的科学社会主义教科书,主要有两个依据:一是恩格斯《反杜林论》中三篇的题目名称,即哲学、政治经济学和社会主义;二是列宁在1913年为《启蒙》杂志所撰写的《马克思主义的三个来源和三个组成部分》。实质上,列宁撰写的《马克思主义的三个来源和三个组成部分》是出于一种对群众的普及宣传教育,主要目的是便于群众的接受和掌握。列宁对马克思主义整体性有多次阐述,"它完整而严密,它给人们提供了绝不同任何迷信、任何反动势力、任何为资产阶级压迫所作的辩护相妥协的完整的世界观"。因此,列宁是把马克思主义三个组成部分当作一个整体来看待和分析的。传统马克思主义三分法把马克思主义的整体性理解为哲学、政治经济学和科学社会主义的体系的综合。马克思主义三分法使人们从不同学科对马克思主义进行分门别类的深入研究，同时便于宣传马克思主义。但是传统的马克思主义三分法的局限性也是很大的，最大的弊端就是不能全面反映马克思主义的整体性特点。中国人民大学高放教授认为，马克思主义理论本来就不止包括三个组成部分，还包括政治学、社会学、法学、军事学、历史学、教育学、文化学、伦理学、人类学、美学等十几个组成部分。因此，马克思主义整体性体现在以上十几个组成部分的内在联系中。王贵明教授认为，这种传统的马克思主义三分法对马克思主义的阐释方式，用马克思主义在不同学科的各种观点掩盖了马克思主义最富有生命力的显著特点，即它是以人类的时间的具有历史规定性的感性具体为基础的社会科学理论体系，尤其是它具有的方法论的本质。张云阁提出马克思主义是"一块整钢"，但这块"整钢"多年来一直是被我们"分块打造"的。在学科归属上，作为马克思主义三大组成部分的哲学、政治经济学和科学社会主义分别归属哲学、经济学和政治学三个一级学科，因此一个直接结果就是多年来我们培养了大批马克思主义理论各个领域的专门人才，而作为整体性的马克思主义理论人才却极度匮乏。对马克思主义理论进行整体性研究，既是马克思主义理论自身发展的需要，也是马克思主义理论学科建设和人才培养的重要保障。逄锦聚认为，加强对马克思主义整体性的研究和把握，并不是要否定或排斥对马克思主义丰富内容进行分门别类的研究，相反，加强对马克思主义整体性的研究和把握与对马克思主义丰富内容进行分门别类的研究是相辅相成的。但是不能拘泥于分门别类的研究，马克思主义是内容丰富的宏伟理论大厦，我们要进一步在更多的领域、更多的学科中开展对马克思主义的研究。

可见，我们既要对马克思主义进行分门别类的研究，又要进行整体性研究，把两者结合起来，才能深入地理解、运用马克思主义。马克思主义是关于世界发展一般规律的科学，特别是关于社会历史发展一般规律的科学，更是关于资本主义发展和转变为社会主义以及社会主义（共产主义）发展一般规律的科学。

三、列宁三个来源的特点

列宁的三个来源说，首先就是解决马克思主义的三个组成部分的理论来源问题，也就是解决马克思主义最主要部分的历史渊源问题。所以，"三个来源说"的最重要特征和性质就是，它们与马克思主义的主体部分具有直接的对应关系。我们把这一关系概括为"主体对应关系"。首先有对马克思主义的三个主体部分的确定，然后才有对这三个主体部分的渊源关系的确定，才有"三个来源说"的形成。"但是，马克思主义丰富的体系不止是三个组成部分"，同样，马克思主义的来源也不仅仅是三个。我们今天来研究马克思主义的内容，应该认识到马克思主义不仅仅是三个组成部分。因为马克思主义在研究无产阶级和人类解放的问题中需要多门科学为之服务，只能说这三个部分是马克思主义的核心组成。因此相对应的，"三个来源说"提出了主体对应关系的来源，但并不排斥其他非主体对应关系的来源。恩格斯本人就在马克思主义的其他组成部分中，做出了自己的重要贡献。如为了今后革命斗争需要长期孜孜以求研究的无产阶级军事学理论，这些都是马克思主义的组成部分。其他如马克思和恩格斯经常接触到的人文和艺术等方面的理论，同样也是如此。它们都与马克思主义基本原则有着内在一致性和联系性，但同时也与三个组成部分有着形式上区别的相对独立的理论。三个组成部分之外的这些非主体性的理论，必然有自己独特的来源，这就构成了非主体对应关系的来源。同样，列宁提出了马克思主义的三个组成部分，但并非认为马克思主义仅仅是三个组成部分。列宁在《卡尔·马克思》一文中对马克思主义的总体结构有一个特殊的概括。在"马克思主义"条目下，列宁的二级概括包括"马克思的学说"（主要是哲学世界观）、"马克思的经济学"、"社会主义"和"无产阶级阶级斗争的策略"这四个部分。这一划分已经与三个组成部分的划分有所不同。其中《无产阶级阶级斗争的策略》所显示的逻辑指证意义是，它既表明二级层次的概括可以包括三个组成部分以外的其他内容；同时也表明，马克思主义体系中的最主要内容具有可变性，是随着时代和实践的需要而改变的。所以，列宁的三个来源和三个组成部分的理论都只有相对意义。列宁的《马克思主义的三个来源和三个组成部分》作为对马克思主义所进行的普及性的论述，只能就马克思主义的主要内容及主要内容的来源进行阐述，而不是对马克思主义全部体系及其来源的全部关系进行论述。马克思主义的全部体系及其与人类文明成果的关系，在列宁的其他论述中我们可以经常看到。但是我们通过分析也可以看到，列宁"三个来源"的提出，也是符合马克思主义产生的历史实际和马克思、恩格斯的一贯表述的。

在研究马克思主义来源的方法中，列宁堪称我们的典范，他分层次多方面的论述将宏观和微观结合起来，既看到了世界文明大道上的马克思主义，又看到了受德国古典哲学、英国政治经济学和法国社会主义影响的马克思主义。

四、"实践"观点对传统理论的超越

在研究马克思主义的理论来源时，我们仍然倾向于继承列宁对于来源的学说，但将三部分分开来说只是为了使读者更加清晰地认识马克思主义的基本思想，并无拆解马克思思想之意。研究马克思主义的来源，需要将马克思主义放到人类思想发展史的场合中去追根溯源。考察哪些思想体系与马克思主义体系之间存在着批判继承的关系，并且还要从历史发展、时代问题以及体系内部矛盾的展开等方面阐明它们之所以被马克思主义批判地吸收的必然性。这种方法是从人类思想发展史的整体来考察马克思主义的来源的，是用一种概括式的手笔。因此，我们可以将其称之为研究马克思主义来源的宏观方法。

（一）马克思主义与德国古典哲学

众所周知，马克思主义的哲学主要是继承了德国古典哲学的优秀成果，特别是黑格尔的辩证法与费尔巴哈的唯物论。早在1843年马克思就指出，德国古典哲学是德国历史在观念上的延续，而不是现实。因此，必须使哲学成为现实。要求对哲学的否定是正当的，但是，"不能使哲学成为现实，就不能够消灭哲学"；反过来，也不要以为，"不消灭哲学，就能够使哲学成为现实"。1845年马克思和恩格斯共同指出，在思辨终止的地方，在现实生活面前，正是描述人们实践活动和实践发展过程的真正的实证科学开始的地方。关于意识形态的空话将终止，它们一定会被真正的知识所代替。"对现实的描绘会使独立的哲学失去生存环境"，能够取而代之的充其量不过是从对人类历史发展的考察中抽象出来的最一般的结果的概括。这些抽象本身离开了现实的论述就没有任何价值，"这些抽象与哲学不同，它们绝不提供可以适用于各个历史时代的药方或公式"。只要这样按照事物的真实面目及其产生情况来理解事物，"任何深奥的哲学问题都可以十分简单地归结为某种经验的事实"。

恩格斯又对哲学的存在条件、阶级性质和历史命运作了进一步的深刻论述。其主要观点是：第一，全部哲学的重大基本问题——思维和存在的关系问题，像一切宗教一样，其根源在于蒙昧时代的愚昧无知的观念。第二，哲学的内容本质上仅仅是那些和中小市民阶级发展为大资产阶级的过程相适应的思想的哲学表现。第三，如果存在的基本原则是从实际存在的事物中得来的，那么为此我们所需要的就不是哲学，而是关于世界和世界中所发生的事情的实证知识；由此产生的也不是哲学，而是实证科学。既然哲学本身已不再需要，那么任何体系，甚至哲学的自然体系也就不再需要了。第四，唯物主义历史观结束了历史领域内的哲学，正如辩证法的自然观使一切自然哲学都成为不必要的和不可能的一样。现代唯物主义已经根本不再是哲学，而只是世界观，它不应当在某种特殊的科学中，而应当在各种现实的科学中得到证实和表现出来。因此，哲学在这里被"扬弃"了。现代唯物主义本质上都是辩证的，而且不再需要任何凌驾于其他科学之上的哲学了。第五，一切社会变迁和政治变革的终极原因，不应当到有关时代的哲学中去寻找，而应当到有关时代的经济中去寻找。第六，对于已经从自然界和历史中被驱逐出去的哲学来说，能够留下来的只有关于思维过程本身的规律的学说，即逻辑和辩证法。第七，由于自然研究家还能靠形而上学的残渣过日子，这就使得哲学还能苟延残喘。当自然科学和历史科学本身都接受了辩证法的时候，一切哲学的废物都会成为多余的东西，从而在实证科学中消失掉。

根据马克思和恩格斯的论述，哲学是一个历史范畴，只要哲学还仍然是哲学，它就还够不上科学，它终将被实证科学——自然科学和历史科学所取代。德国古典哲学已经开始被马克思的唯物主义历史观所取代了。因此，马克思主义和古典哲学不是继承和发展的关系，而是前者扬弃和取代后者的关系。

（二）马克思主义与英国古典政治经济学

首先，政治经济学具有强烈的阶级性质。如果我们仍然使用"政治经济学"这个概念的话，英国古典政治经济学属于"资产阶级政治经济学"，或"资本的政治经济学"、"财产的政治经济学"；而马克思的经济理论属于"无产阶级政治经济学"，或"劳动的政治经济学"。其次，资产阶级古典政治经济学具有历史的局限性，只有在十分有限的范围内才是科学的。它不是把资本主义制度看作过渡的发展阶段，而是看作社会生产的绝对的最后的形式，因此，只有在阶级斗争处于潜伏状态或者只是在个别的现象上表现出来的时候，它还能够是科学。英国古典政治经济学就是属于阶级斗争不发展的时期的。再次，古典政治经济学的破产和庸俗化是必然的。一方面，资产阶级政治经济学一开始就包含着庸俗成分，到李嘉图时代，已经达到了它的不可逾越的界限；另一方面，无产阶级反对资产阶级的阶级斗争的发展，敲响了科学的资产阶级经济学的丧钟。从此，资产阶级的政治经济学进一步庸俗化了。最后，资产阶级政治经济学是马克思批判资产阶级理论的主要对象，《资本论》的副标题就是"政治经济学批判"。马克思曾经说过，"我的价值、货币和资本的理论，就其要点来说是斯密—李嘉图学说的必然的发展"。但这里所说的"发展"，绝不是一般的继承关系，马克思也绝不是古典政治经济学的"完成者"；相反，马克思系统地批判了他们的混乱思想、致命缺点和严重错误。实际上，古典政治经济学和古典哲学一样，也是一个历史范畴。

（三）马克思主义与空想社会主义

马克思和恩格斯一致认为，圣西门、傅立叶、欧文等人的体系，作为本来意义的社会主义和共产主义体系，是在无产阶级和资产阶级之间的斗争还不发展的最初时期出现的。在他们那里，由于历史的局限性，"社会的活动要由他们个人的发明活动来代替，解放的历史条件要由幻想的条件来代替，无产阶级的逐步组织成为阶级要由一种特意设计出来的社会组织来代替"。在他们看来，今后的世界历史不过是宣传和实施他们的社会计划。

而事实上，批判的空想社会主义和共产主义的意义，是同历史的发展成反比的。应当特别指出的是，虽然这些体系的创始人在许多方面是革命的，但是他们的信徒总是组成一些反动的宗派。从马克思主义创始人对未来共产主义社会经济关系的描绘来看，和空想社会主义确有相似之处。但是，前者是以一定经济条件为基础的合乎规律的设想，后者对正义的诉求和对美好未来的憧憬则是乌托邦式的空想；更何况，这种诉求和憧憬早在古代人那里就已经产生了。因此，把空想社会主义看作是科学社会主义的"来源"，把马克思主义看作是空想社会主义的"直接继续"，把马克思看作是空想社会主义者的"继承者"，是完全不恰当的。

马克思的科学社会主义是同法国空想社会主义相对立的社会主义学说，社会主义从空想发展为科学客观说来是资本主义生产状况和阶级状况成熟的结果。尚未成熟的资本主义生产状况和阶级状况是各种空想社会主义体系的基础和出发点，这种社会主义只有在无产阶级进入有意识、有组织的经济斗争和政治斗争以前在理论上代表无产阶级。而当它赖以生存和发展的特定历史条件不复存在时，其本身就失去了存在的理由。马克思和恩格斯正是参与了无产阶级进入有意识、有组织的经济斗争和政治斗争，才科学地总结了无产阶级运动的经验，批判地继承了人类认识史的积极成果，创立了历史唯物主义和剩余价值理论，在人类历史上完成了空前的革命，使社会主义由空想变成了科学。正是由于马克思的伟大发现，才使社会主义不再被置于思想和原则之上，而是被置于现实的基础之上；社会主义不再是理性发展的结果，而是生产关系一定要适合生产力的性质、上层建筑一定要适合经济基础的性质；社会主义也不再是个别天才人物的发现，而是无产阶级和资产阶级之间阶级斗争的必然结果。

此外，马克思和恩格斯始终强调并高度评价法国启蒙运动和唯物主义的这些方面，恩格斯在晚年写道："在法国为行将到来的革命启发过人们头脑的那些伟大人物，本身都是非常革命的。他们不承认任何外界的权威，不管这种权威是什么样的。自然观、社会、国家制度，一切都受到了最无情的批判；一切都必须在理性的法庭面前为自己的存在作辩护或者放弃存在的权利。思维着的悟性成了衡量一切的尺度。以往一切社会形势和国家形式、一切传统观念，都被当作不合理的东西扔到垃圾桶里去了；到现在为止，世界所遵循的知识，过去的一切只值得鄙视和怜悯。知识阳光现在才照射进来，理性的王国才开始出现。从今以后，迷信、偏私、特权和压迫，必将为永恒的真理、为永恒的争议、为基于自然的平等和不可剥夺的人权所排挤。"这无疑是一种变革和革命思想最充分、最明确的表现，这种思想不仅改变欧洲全貌，而且是改变欧洲的精神的种种事件的先兆。法国唯物主义者的思想被直接传承下来，并通过共产主义和法国空想社会主义在历史上发挥作用。

马克思认为人类的科学，包括自然科学和人文科学都是历史科学。人类只能不断地、一步一步地认识自然和人类自己组成的社会。这个论断是非常重要的。对于马克思、恩格斯创立的学说也应当作为历史科学来对待，是要通过实践来检验和发展的。他们所处的时代正是欧洲资产阶级用最无情的手段榨取工人阶级的剩余价值的时代，他们的愤怒代表了工人阶级强烈的要求，这只能放在一定的历史条件中去理解，在实践中去发展。有些论断不论过时或错误都应予以放弃。他们都和我们一样是普通的人，是实践中的人。假若你看到了马克思有错误就否定他，那只能说明你的思想里早就被一尊神、或一尊偶像所占据，你只能依赖它而生活，那就离马克思太远了。

第四章　对西方哲学的批判与超越

第一节　"哲学家的问题在于改变世界"

在伦敦海格特公墓卡尔·马克思的墓碑上镌刻着他的一句名言："哲学家们只是用不同的方式解释世界，而问题在于改变世界。"（《关于费尔巴哈的提纲》1845年4月，马克思在《1844—1847年记事笔记》中写下。）恩格斯曾直接指认这一文本就是马克思主义新世界观的"天才萌芽"。首先，《关于费尔巴哈的提纲》是包含着新世界观的天才萌芽的第一个文献，是非常宝贵的，它是马克思主义哲学基本形成的标志性著作之一，在马克思主义哲学发展史上占有十分重要的地位。其次，这个提纲是马克思匆匆写成的，是供自己以后研究用的笔记，没有打算公开发表，所以每一条提纲几乎都是警句式的，没有展开说明。第三，既然这个提纲是包含着新世界观的天才萌芽的第一个文献，就说明在它之前的马克思、恩格斯的著作，都是马克思主义哲学形成过程中的著作。或许他在写的时候，怎么也不会想到，多年来《关于费尔巴哈的提纲》会在不同的理论逻辑中被完全异质地解读着，甚至产生出截然对立的语境来。以我的诠释结果，《关于费尔巴哈的提纲》实际上是马克思第一次自觉地、有策略地真正打破旧有的人本主义异化史观逻辑，促使科学认识革命飞跃的最初发生，也是它导致了马克思思想的第二次重大转变——马克思主义哲学新视界随之呈现。

一、 不同于以往的"出发点"

可以说有相当多的人把这句话解释为，马克思以前的一切哲学家的哲学都只是用不同的方式"解释世界"，只有马克思和他的哲学才主张要"改变世界"。有人甚至把全部哲学分为两大类：一类是"解释世界"的哲学，另一类是"改变世界"的哲学，认为只有马克思主义哲学才是"改变世界"的哲学，其他哲学都是只"解释世界"的哲学。马克思大致完成了阐发他的对象不是马克思以前的一切哲学家和哲学派别而是唯物主义历史观理论的工作。《关于费尔巴哈的提纲》就是马克思阐发他的唯物主义历史理论的提纲。此后，马克思、恩格斯就以这个提纲为基础，"着手在各个极为不同的方面详细制定这种新形成的世界观了"。《德意志意识形态》就是二人以《关于费尔巴哈的提纲》为基础详细制定这种新形成的世界观的第一部著作。《关于费尔巴哈的提纲》和《德意志意识形态》是标志历史唯物主义基本形成的著作。《关于费尔巴哈的提纲》第11条中所说的"哲学家们",不是指马克思以前的一切哲学家,而是特指德国青年黑格尔派的哲学家;不是说马克思以前的哲学家只是用不同的方式解释世界而完全不想和不去改变世界,而是特指德国青年黑格尔派哲学家实质上只是用不同的方式解释世界,而不敢用革命的实践改变德国黑暗的现实世界。这是当时德国资产阶级软弱性的理论表现。青年黑格尔派只是进行宗教批判、哲学批判、意识形态批判,不敢进行政治的批判、实践的批判、武器的批判。青年黑格尔派也不是完全不希望改变德国的现实,只是他们改变德国现实所采取的方法不能在实际上使德国的现实发生改变,所以从实质上和实际效果上说,他们的哲学只是解释世界,而不能改变世界。

这从马克思、恩格斯在《德意志意识形态》和《神圣家族》中对青年黑格尔派的批判可以清楚地看出来。马克思、恩格斯针对青年黑格尔派的错误观点指出:"天真的幼稚的空想构成现代青年黑格尔派哲学的核心。""既然青年黑格尔派认为观念、思想、概念等,被他们变为某种独立东西的意识的一切产物,是人们的真正枷锁。他们就绝不是反对现实的现存世界。这种哲学批判所能达到的唯一结果，是从宗教史上对基督教作一些说明，而且还是片面的说明。"所以青年黑格尔派所作的哲学批判和宗教批判，实际上仅仅是解释世界，而根本起不到改变世界的作用。唯心主义者鲍威尔、施蒂纳，人本主义的唯物主义者费尔巴哈也是如此。马克思、恩格斯指出，费尔巴哈只是把人看作感性对象，看不到人的感性活动，他仍然停留于抽象的人的观点，所以他对人与人之间的关系的理解也有着根本的错误。除了爱与友情，而且是观念化了的爱与友情以外，他不知道人与人之间还有什么现实的社会关系。《德意志意识形态》对青年黑格尔派哲学的批判，是对《关于费尔巴哈的提纲》第11条的展开、发挥和具体化。在马克思写作《关于费尔巴哈的提纲》以前，马克思、恩格斯在《神圣家族》中就批判了布鲁诺·鲍威尔等人的批判活动只限于观念的批判，而不仅不敢进行实践的革命的批判，不敢批判德国黑暗的现实，更不敢以革命的活动改变德国黑暗。

受到的束缚和限制，都是青年黑格尔派的产物身内的链条，因而也就把一切外部的、感性的斗争青年黑格尔派看似完全合乎逻辑地向人们提出一种道德要求。要用人的、批判的或利己的意识来代替他们现在的意识，从而消除束缚他们的限制。这种改变意识的要求，就是要求用另一种方式来解释存在的东西，也就是说，借助于另外的解释来承认它。马克思、恩格斯认为，"青年黑格尔派的意识形态家们尽管满口讲的都是所谓'震撼世界的'

词句，但是他们正是最大的保守派。如果说，他们之中最年轻的人宣称只是为反对'词句'而斗争，那就确切地表达了他们的活动。不过他们忘记了：他们只是用词句来反对这些词句；他们仅仅反对这个正变成了纯粹的思想斗争"。针对这种主观唯心主义观点，马克思指出："群众要想站起来，仅仅在思想中站起来，而让用思想所无法摆脱的那种现实的、感性的枷锁依然套在现实的、感性的头上那是不够的。"马克思主张对现实进行无情的批判，并且以物质的、武器的批判"推翻使人成为被侮辱、被奴役、被遗弃、被蔑视的东西间的一切关系"。鲍威尔等人对工人们说，只要他们在思想中消除了雇佣劳动的想法；只要他们在思想上不再认为自己是雇佣工人；不再设想自己是作为单个的人来支取工钱的；那么他们就会真的不再是雇佣工人了。只要他们在思想上铲除了资本这个范畴，他们就消除了真正的资本。对此马克思批判道："工人们并不认为用'纯粹的思维'就能够摆脱自己的企业主和他们自己实际的屈辱地位。他们非常痛苦地感觉到存在和思维之间、意识和生活之间的差别。他们知道，财产、资本、金钱、雇佣劳动以及诸如此类的东西绝不是想象中的幻影，而是工人自我异化的十分实际、十分具体的产物，因此，也必须用实际的和具体的方式来消灭它们，这不仅能使历史活动深入，而且必将是群众队伍的扩大。"这就是说，群众的革命实践活动才是推动历史发展的真正动力。

马克思并不认为他以前的一切哲学家都只是用各种不同的方式解释世界，并根本既不在思维中、在意识中，不主张改变世界。马克思在《神圣家族》中讲到法国和英国的唯心主义鲍威尔把自己和群众、精神和物质对立起来。在鲍威尔那里，改造社会的事业被归结为"批判的"大脑活动。鲍威尔站在保守主义的立场上，极力反对法国1789年的资产阶级大革命，认为法国大革命的思想没有超出旧社会秩序的范围。对此马克思予以严厉批判，他说："思想永远不能超出旧世界秩序的范围。因此，他们的批判同时也是实践的，他们的共产主义是这样一种社会主义，在这里面他们提出了实践的、明确的实际措施，在这里面他们不仅思考，而且更多的是行动。因此，他们的批判是对现存社会的生动的现实的批判，是对'衰败'原因的认识。"这说明，法国的和英国的唯物主义者和共产主义者的批判活动，并没有停留在世界秩序的思想范围。思想本身根本不能属于"思考"即纯观念、纯思想的范围内。在作批判时马克思说道："法国人和英国人认为群众是历史上消极的、精神空虚的、非历史的因素，而鲍威尔自己及其伙伴是精神、是批判，一切历史活动都是由精神和批判产生的。群众则是国人的批判并不是什么在人类之外的、抽象的、彼岸的、人格化的东西，这种批判是那些作为社会积极成员的个人所进行的现实的人的活动，这些是阻碍历史发展的力量。"马克思一针见血地指出"个人作为人也有痛苦，有感情，有思想，有行动"。

二、全新的解答方式

思想要得到实现，就要有使用实践力量的人。马克思肯定1789年的法国大革命不仅推翻了封建专制制度，而且"产生了超出整个旧世界秩序的思想范围的思想"，即产生了巴贝夫等人的共产主义思想，这种思想经过马克思、恩格斯的改造，"就成为新世界秩序的思想"，即科学共产主义思想。

鲍威尔认为，在历史活动中主要的不是行动着的群众，不是经验的活动，也不是这些活动的经验的利益，即不是群众为自己的利益而进行的实际的革命实践活动，认为"'在这些活动中'，'重要的'仅仅是'一种思想'。"对此，马克思完全持相反的观点。他指出："历史活动是群众的活动，随着现存的社会制度进行革命的、实践的批判，既有实际措施，又有实际行动。" 恩格斯在《自然辩证法》中谈到文艺复兴以来伟大的思想家、艺术家、科学家、哲学家、革命家以及他们从事的变革活动时说："这是人类以往从来没有经历过的一次最伟大的、进步的变革，是一个需要巨人并且产生了巨人的时代，那是一些在思维能力、激情和性格方面，在多才多艺和学识渊博方面的巨人。给资产阶级的现代统治打下基础的人物，绝没有市民局限性。相反，这些人物都不同程度地体现了那种勇于冒险的时代特征。""自然科学在这场革命中也生机勃勃，它是彻底革命的，它和意大利的伟大人物的觉醒的现代哲学携手并进，并使自己的殉道者被送到火刑场和牢狱。"

思维和存在的同一性要得到证实，人类就要马上把他的哲学从理论转移到实践中去，并按照黑格尔的原则来改造整个世界。"这是他和几乎所有的哲学家所共有的幻想。"一切哲学家，包括黑格尔这样的彻底的唯心主义哲学家，都幻想把自己的哲学变为现实，按照自己哲学的原则改变世界，所不同的只是改变世界的方式，只是在实质上和实际上能不能达到改变以致不惜牺牲自己的宝贵生命。不仅法国的和英国的唯物主义哲学主张要改变世界，就是黑格尔的唯心主义哲学也主张、希望自己的哲学能在现实中得以实现。恩格斯在《路德维希·费尔巴哈和德国古典哲学的终结》中批判黑格尔的哲学从绝对观念开始，经过其自身发展的一系列环节，即经过一系列范畴的否定过程，最后又返回到绝对观念时说："要在全部是哲学完全不谈实践，没有任何实践观点，不希望用自己的哲学改变世界，只是就其哲学的实质而言，归根结底是用不同的方式解释世界，而不是用革命的批判的实践活动改变世界。"马克思、恩格斯在《德意志意识形态》一书中说："实际上，对实践的唯物主义者即共产主义者来说，全部问题都在于使现存世界革命化，实际地反对并改变现存的事物。如果在费尔巴哈那里有时也遇见类似的观点，那么它们始终不过是一些零星的猜测，而且对费尔巴哈的总的观点的影响微乎其微，以致只能把它们看作是具有发展能力的萌芽。"从总体上和实质上来看，契希考夫斯基、赫斯及费尔巴哈的哲学仅仅是以特定的方式解释世界，不能真正起到改变世界的作用。因为他们不可能真正对资本主义的现实本质进行批判，所以他们的立脚点自觉或不自觉的只能是资本主义"市民社会"。谈不上通过可行的革命途径去"改变"这个世界了。从一定的"社会历史进程"出发，绝不是一种在传统哲学思路中能够承袭的规定性。

把历史的终点设想成人类达到对绝对观念的认识，并宣布对绝对观念的这种认识已经在黑格尔的哲学中达到了。"在哲学的认识上是这样，在历史的实践上也是这样。人类既然通过黑格尔这个人想出了绝对观念，那么在实践上，也一定达到了能够在现实中实现这个绝对观念的地步。"恩格斯在批判黑格尔思维与存在同一性的唯心主义性质时指出，黑格尔所说的通过思维与存在了解未来的方式分为三种：第一种是通过感情，是先知的方式；第二种是通过知识，是哲学家的方式；第三种是通过实践，是未来真正的人的方式。他认为，未来的哲学必然是实践的，"实践的哲学，或者更确切地说，实践哲学，它对生活和社会关系的最具体的影响，真理在具体活动中的发展——一般说来就是哲学的未来的真相"。费尔巴哈也不是根本不讲实践的，他曾经用实践观点批判过唯心主义，有时甚至还给实践很高的评价，把实践包括到认识论中去，作为认识论的基础。他曾讲过："唯心主义的主要缺点正是在于，它仅仅从理论的观点来提出和解决客观性和主观性问题、世界的真实性和非真实性问题。"唯心主义不知道"理论所不能解决的那些疑难实践会给你解决"。列宁在《唯物主义和经验批判主义》一书中，给予费尔巴哈的实践观点相当高的评价。他说："费尔巴哈把人类实践的总和当作认识论的基础。"但是，费尔巴哈或者把实践活动理解为小商人的经商谋利的卑污活动或者只把理论活动看作是真正的实践活动，他并不了解革命的实践批判活动的意义。

"对这个社会的各个不同发展阶段可以在经济学中准确地加以探讨"，马克思也可能将"目前的工业"理解为一个过渡的时期。只有从这种现实的社会历史生活的真实了解中，马克思才第一次发现人类主体只能是一定社会历史条件的现实的个人。人的本质只能是一定社会历史条件下形成的一切社会关系的总和，实践只能是一定社会历史条件下的历史性的实践，观念只能是一定社会历史条件下现实生活的历史性的社会观念。马克思一句人的本质在其现实性是"一切社会关系的总和"，实际上也宣布了一个新的哲学时代。马克思哲学新视界的雏形是在这里出现的：这就是对人类主体、人类社会实践及其观念的历史的现实的具体的真实限定。这里更多的不是从哲学逻辑起步的思辨，而是马克思现实经济研究语境中面对真实历史的必然结果。也是在这里，他才真正改造了黑格尔的历史辩证法，黑格尔那种一切观念逻辑都是具体的自我发生运动，现在成了属于一定社会形式的个人及活动，成了具体的社会产物，成了暂时的一定现实性上的人与自然、人与人之间的社会关系之总和。这个以"一定的"人类社会实践为核心的历史唯物主义方法，才是马克思哲学新视界的真正秘密。

综上，马克思在《关于费尔巴哈的提纲》第11条中所说的"哲学家们只是用不同的方式解释世界，问题在于改变世界"，这句话是在特定的情境下，马克思才说青年黑格尔派哲学家们只是用不同的方式解释世界，而不是通过革命的实践去改变世界。离开特定的情境下的特定的哲学的特定的意义，去理解马克思这句话，把全部哲学划分为解释世界的哲学和改变世界的哲学两大类，认为只有马克思主义哲学才主张改变世界，其他任何哲学都只是解释世界而不想改变世界，这是对马克思这句话的误解。

第二节　马克思主义哲学"人"、"实践"、"社会"、"历史"的观念

一、人的观念

"人既是马克思主义哲学的理论出发点，又是马克思主义哲

学的理论归宿。" 马克思主义哲学始终将现实的人的生存、发展和解放作为自己的理论主题。这在学界已经达成共识，人们都承认马克思主义是有自己的人学的。哲学是反思人与世界关系的学问，任何形态的哲学都不可能离开人去进行反思。人学是从整体上反思人的生存和发展、人的本质与价值等问题的学问。人的问题是一个古老的哲学之谜，古往今来的哲学家们从来没有中断过对人的探寻与反思，这形成了人学理论的历史源流。这既是马克思主义人学理论形成的逻辑前提，又是其重要的思想资源。

综观人学理论的历史演变，大体上历经了这样几种人学观念时期：一是古代自然主义的人学思想。在远古时代，由于生产力水平与认识能力的限制，人们对人本身的认识水平还很低，主要以一种自然主义的态度去看待人的问题。在中国传统哲学中，《周易》中所讲的"天行健，君子以自强不息；地势坤，君子以厚德载物"，即人要顺应天地自然。而道家所讲的"道法自然"与"见素抱朴"的自然人性论，儒家所讲的"长幼有别"、"爱有等差"等人伦思想也都体现着一种自然主义的态度。在古希腊，从德菲尔神庙门前的石刻铭文"认识你自己"与"斯芬克司之谜"的神话传说，到智者学派的普罗泰戈拉强调"人是万物的尺度，是存在者存在的尺度，也是不存在者不存在的尺度"。从苏格拉底自觉将哲学的事业从研究自然转向研究人，到亚里士多德进一步提出一系列对后人具有启发意义的观点，如"人是理性的动物，人是社会的动物是政治的动物"，也是人学的萌芽。

首先，在于它表明了人们开始将眼光从自然转向自身，开始认识到人的主体性；其次是对人性、人的本质、人的生存与发展、人的价值与自由等几乎人学思想的主要方面都进行了初步的思考和论述，为人学的发展奠定了基础。但由于受历史条件与人类思维发展水平的限制，古人对人的探索还是初步的与直观的，很多结论都带有经验的与猜测的性质。同时，人学的哲学基础在总体上是自然主义哲学。虽然人们开始意识到自己的主体性，但还远未从对自然的依赖关系中摆脱出来，如各种形式的天命观和等级观就是证明。

其次，中世纪神秘主义的人学思想。在漫长的中世纪，由于封建制度与教会专权的密切配合，神成了人的主宰。官方神学极力宣扬神的权威，否定人的尊严、自由与价值，将人世间的一切都归结于神的意志。在这种条件下，人学成为神学的奴婢。但在世俗神学中，则有将人神化，借以肯定人的追求和理想，肯定人的智慧与力量的历史进步因素。这在一定程度上继承和发展了古代自然主义的人学思想，为后来文艺复兴时期发现与重视人的价值打下了基础。但总的看来，在神学的笼罩下，中世纪人学披上了神秘主义的面纱。

最后，文艺复兴时期人文主义的人学思想。随着资本主义的萌芽和发展，发端于意大利的文艺复兴运动在欧洲扩展开来。文艺复兴运动的重要内容，是人文主义思想的兴起与人的发现。在这个过程中，形成了人文主义的人学思想，其主要内容有：它高度重视人在宇宙中的主体地位，肯定人的价值和尊严。彼得拉克、但丁等思想家们激烈地批判宗教神学对人的束缚和压迫，颂扬了人的高贵，主张用人性反对神性，以人权反对神权，强调以人的主体地位取代神的主体地位。

文艺复兴时期人文主义的人学理论是人学发展史上的一个重要阶段。人文主义人学开始突破宗教神学与封建主义对人的精神束缚，唤醒了人的理性，解放了人们的思想，确立了人在宇宙中的主体地位，从整体上揭示了人的全面性，并对人作了全方位的思考与研究，确立了人学的新视野，实现了对古希腊人学与中世纪人学的双重超越。但人文主义人学不是人类自我认识的终结，它也并未完全摆脱宗教神学的束缚，因而只是一个新的起点。

近代唯物主义的人学理论。文艺复兴以后一些学者开始从自然与科学出发去理解人和人性，把感性的利益和需要看作人性的基本内容。培根提出了"知识就是力量"和"知识即道德"等命题，以自然科学来解释人的一切。霍布斯认为人就是一架自我保存的机器，人的整个活动与钟表无异。拉美利特在《人是机器》一书中认为，人体是一架会自己发动的机器，一架永动机的活生生的模型。孟德斯鸠与爱尔维修则分别研究了自然环境与社会环境对人性的决定作用。洛克与卢梭等社会契约论思想家们肯定了人具有自爱与自保的权利和属性。卢梭认为，趋乐避苦是人的自然本性，人是生而平等的，每个人生而具有生命权、财产权、自由权，国家权力属于全体人民，政府首脑是受人民委托去执行人民意志的公仆。如果他违背人民意志，损害人民的利益，人民就有权罢免他。卢梭的思想是近代资产阶级革命的理论武器。近代唯物主义的人学理论，运用了自然科学的成果，进一步批判了宗教神学关于上帝创造人和世界的谬误，奠定了唯物主义人学理论的基础，这是其巨大的理论贡献。但是把人性归结于人的自然属性，将人看作是一架肉体的机器，近代唯物主义的人学理论无疑又有其形而上学的一面。

德国古典哲学时期理性主义与人本主义的人学理论。

自康德到黑格尔的德国古典哲学家们站在理性主义的立场上来理解人。他们反对将人的本性归结为自然属性，强调人是理性的能动的存在物。康德认为人是二重性的存在：一是作为感性的存在物，受自然必然性支配，这与动物没有两样；二是作为理性的存在物，按理性原则行动，这才是人与其他动物的本质区别。因为人有理性，所以人的目的是；且因为人有理性，所以人能够意志自律，能按照"善良意志"去行动，即用理性支配自己的欲望而不凭一己之私利为所欲为。康德的人是目的、人为自然立法等思想，强调了人的主体性和能动性是值得肯定的。继康德之后，费希特进一步强调了"自由是人的不可让渡的权利"。他认为人是理性的生物，主张人的创作性不是人存在的目的，不是一种手段，而就是人的存在。黑格尔认为人是自我意识的存在，人的本质在于有理性，主张回到感性的人本主义。他以经验事实为依据，借助于人把一切超自然的东西归结为自然，同时又借助于自然把一切超人的东西归结为人，证明异化的真实主体是人，不是什么绝对精神。他的人本主义的人学理论既反对宗教神学的人，也反对思辨哲学的人，确认人的本质在于其自然本质，即人的肉体存在和维持肉体存在的自然条件。他认为人与动物的不同之处，在于人是"自觉的自然本质"，是理性和肉体的统一体。他也讲人的社会性，认为人与人必须"共存"。但是，他把人与人的共存关系仅仅理解为生理和心理需要的关系。因此，他说的社会性实际上仍然是自然关系。费尔巴哈反对将人的本质神秘化，解释了宗教的本质实际上是人的本质的异化，并试图作出对人的本质和唯物主义解释，这些是费尔巴哈的理论贡献。但是他将人的本质归结为自然本质，因而他所讲的人仍然是抽象的人。总而言之，费尔巴哈虽然强调现实都有这样或那样的缺陷，但它们为马克思主义哲学实现人学理论发展史上的革命性变革作好了理论准备。

马克思主义哲学在人学理论上的变革。马克思主义哲学从实践的观点出发反思人的问题，批判地继承了以往人学理论发展中的优秀成果，并结合社会的发展与人的发展状况，从根本上克服了以往人学理论的各种缺陷，创立了崭新的实践唯物主义人学，实现了人学理论上具有里程碑意义的革命性变革。首先，马克思主义哲学从根本上变革了人学的理论基础。马克思主义哲学将人学奠立于实践唯物主义的基础上。作为实践的唯物主义，马克思主义哲学一方面肯定了自然主义人学理论对人的重视和研究，高度赞扬古希腊神话艺术中表现出来的人文精神；另一方面又批判了自然主义人学理论对广大人民群众的漠视。马克思主义哲学一方面热情讴歌了文艺复兴是人类以往从来没有经历过的一次最伟大的、进步的变革，它发现了人的价值，解放了人的思想；另一方面又批判了人文主义人学实际上是资产阶级发展要求在意识形态领域的反映。马克思主义哲学一方面肯定了近代唯物主义人学理论对人的需要与利益的强调，在反对封建专制和宗教束缚上起了重要作用；另一方面又批判了近代唯物主义人学理论不理解阶级社会中人的真正本质，从根本上变革了人学的理论基础，创立了新的人学理论形态，实践唯物主义的人学。

马克思主义哲学从根本上改变了人学的理论范式。在人学理论上具有革命性变革，不是人学口号与标签的改变，而是对人学的思维方式与理解原则的根本变革，是人学理论的范式革命，即从理论人学的理论范式转向实践人学的理论范式。传统哲学的人学理论在范式上大多属于理论哲学的范式，即将人理解成一种现成的存在。它认为人是一个可以用理性和概念把握的现成的对象，人学就是要透过现象把握人的本质，获得关于人的本质的知识，实现对人的本质的一劳永逸的理解。这是一种本质主义的思维方式，它从解答人是什么入手，将人作为对象化的存在物，把人的本质看成一种自然事实自然延伸。在传统人学理论中，无论是将人理解成理性的存在物、自然的存在物，还是神性的存在物，在实质上体现的都是这种思维方式与理解原则。这种理论哲学的理解范式虽然在表面上重视人的价值，但是实际上都是将人看作一个对象化的物。最终结果必然会自我超越的、可能性的、存在着的，它以历史性取代传统人学理论非历史性与现成性的原则，将人理解成一种为过去现在与未来时空规定的有机整体，人的过去与现在都在其未来的规定中获得意义。从这种实践人学的理论范式出发，我们能够科学地把握人的生存本性，即人不是可以简单加以对象化的。

马克思主义哲学从根本上变革了人学理论的基本内容。从新的理论基础与新的理论范式出发，马克思主义哲学的人学理论形成了新的内容和观点。它改变了人学理论的逻辑起点，即从抽象的人变为现实的具体的人。恩格斯指出："费尔巴哈所没有走的一步，必定会有人走的。对抽象人的崇拜，即费尔巴哈的新宗教的核心，必定会由关于现实的人及其历史发展的科学来代替。"马克思完成的费尔巴哈所没有走的那一步就是："从费尔巴哈的抽象的人转到现实的、活生生的人。"马克思反复强调他们的出发点是从事实际活动的人，这种观察方法并不是没有前提的。它从现实的前提出发，而且一刻也不离开这种前提。一直存在的将人等同于肉体加精神，从而界定为"人是理性的动物"，解释了现实的人的本质不是单个人所固有的抽象物，而是一切社会关系的综合。个人怎样表现自己的生活，他们自己就怎样。个人的本质与他们的活动是一致的。

马克思主义哲学也从根本上改变了人学的理论功能。马克思主义哲学的人学理论高度关注占人类大多数的无产阶级和劳动人民的解放和发展。因为只有通过工人阶级的革命解放人类大多数，才能最终解放全人类。在马克思主义人学理论产生之前，几乎一切人学理论都是为社会上的少数人或统治阶级服务的，广大劳动人民群众的发展和解放在它们的视野之外。马克思主义哲学是实践的唯物主义，无产阶级的解放事业和劳动人民的全面发展始终是它们的实践活动和理论著述的最根本内容。正是为了回答无产阶级革命和解放过程中所遇到的种种现实问题，马克思创立了新的人学，所以马克思主义哲学的人学理论也是其"无产阶级解放和共产主义理论"的组成部分。马克思主义认为，社会关系是劳动的形式，自由自觉的劳动是人的生存方式，劳动的观点是马克思主义人学首要的和基本的　　观点。

马克思主义哲学对人学的理论变革，始终坚持了历史主义原则。他对人学观的变革没有完全抛弃以往人学思想的理论传统，而是对以往优秀人学理论的传统进行批判继承与改造的结果。只有从思想史传统出发，思考和解决现实提出的问题，不人为地割断思想传统，才能不断推陈出新，真正实现理论上的发展和变革。

马克思主义对人学理论的革命性变革，是一个复杂的发展过程。人学理论的变革与创新不是线性发展的结果。马克思的人学理论不只是对德国理性主义人学与人本主义人学理论的革命，还是对所有人学理论的继承和创新。正如我们已经认识到的，马克思的人学理论离不开他对古代自然主义人学的批判性继承；离不开他对文艺复兴时期人文主义人学思想的吸收和改造。此外，马克思对人学理论的革命性变革，是一个历史的、整体的发展过程。马克思对人学观的变革不是一次性完成的，而是在他终生的理论研究与思考、实践活动与反思的过程中逐步完成的。马克思的人学理论变革与其对整个哲学与社会科学理论的变革是同时完成的。马克思对人学理论的革命性变革，是一个复杂的发展过程，是一个历史的、整体的发展过程，以历史为最根本原则进行的。无论是不断回到原典的严谨治学精神，还是坚持整体论的多学科视角，都是贯彻历史主义原则的具体表现。

总之，马克思对人学思想的革命性变革是人学思想史上划时代的理论创新。这种创新与以往的人学理论相比，在方法论上最为根本的原因在于马克思在创立人学理论的过程中自觉坚持了历史主义原则，因而他的人学理论具有一种厚重的历史感。而这种理论创新的实现与完成，又在于马克思尊重历史思想传统又勇于超越传统的精神，以及他直面现实问题从多方面寻求解决途径的开阔理论视野。所以，今天我们提倡哲学理论创新，不应抛弃历史主义的原则与方法，否则，"创新"就会成为一个空洞的口号。

二、 实践的观念

实践观点不仅是马克思主义认识论、历史观首要的和基本的观点，而且是马克思主义世界观首要的和基本的观点。世界观和认识论、历史观具有内在的不可分割的关系，不能把意识、思维、实践以及思维和存在的关系排除在世界观之外，从而否定思维和存在的关系问题是哲学的最高问题。马克思主义哲学唯物主义和一切唯物主义一样，都承认世界的物质性和物质统一性，这是所有哲学唯物主义的基本前提。马克思的一切思想都是以实践为现实根基的，马克思主义认为，人的思想认识源于实践，马克思主义本身也是与生产斗争实践、阶级斗争实践和科学实验密不可分的。因此，如果马克思主义只有理论来源而无实践来源，马克思主义就只能停留在前人的思想水平上，无法超越与创新，也只能像前人一样解释世界，却无法改变世界。

马克思创立的新的世界观的标志是实践，马克思的哲学超越旧哲学的地方也在于处处从实践的角度去理解世界。而旧哲学，就是在马克思主义哲学诞生之前的旧唯物主义和唯心主义。旧唯物主义只知道从客体的或直观的形式方面去理解事物、对象、现实和感性。也就是说，旧唯物主义仅仅看到了自然的优先性，把自然理解为和人的实践活动没有丝毫关系的纯客观的东西，而忽视了人的主观方面。而马克思主义哲学主张从主体、主观方面，从实践的方面去理解事物，把对象视为改造的活动的结果，视为人的现实的活动的结果。同旧唯物主义相比较，马克思的哲学更突出了实践活动的主体性。实践性是主体性的现实表现。唯心主义却是从主观方面去理解的，他们尤其继承了黑格尔的主体能动性的思想，从思维的角度去理解世界，在这种理解中，他们看到了客体的属人性及实践对人的本质的意义，却不尊重对象的客观性，与此同时，他们发展了意识的能动作用，但只是抽象地发展了，即否认了意识对物质的依赖性。而马克思主义哲学既承认了主体的能动作用，又承认意识对物质的依赖性。就这点来说，马克思的哲学超越了旧唯物主义和唯心主义，超越的具体表现就在于对实践作用重要性的突出上。

人类的生产斗争实践是决定一切的基本实践活动，马克思主义的产生与人类的生产斗争实践，是和产业革命史分不开的，所以说没有产业革命就没有建立在社会化大生产基础上的近代资本主义社会，也就不可能有近代的无产阶级，从而不可能有作为无产阶级代表的马克思主义。正如恩格斯所说："资产阶级与无产阶级是由于经济关系发生变化，确切地说，是由于生产方式发生变化的两个阶级。最初是从行会手工业到工场手工业的过渡，随后又是从工场手工业到使用蒸汽和机器的大工业的过渡，使这两个阶级发展起来了。"因此，马克思主义是与阶级斗争实践有直接联系的。更直接地说，马克思主义是无产阶级与资产阶级斗争的产物。马克思主义的实践观，超越了旧唯物主义和唯心主义的局限性，确立了人的实践活动在全部社会生活中的地位和作用。唯心主义夸大了人的精神的能动，通过对实践经验的总结，丰富我们的认识，发展我们的理论，因而同唯物主义相反的、能动的方面被唯心主义抽象地发展了。唯心主义是不知道现实的、感性的活动本身的。旧唯物主义片面强调外部世界的客观性，忽视了人的主观能动性。

人的社会实践，不限于生产活动这一种形式，还有多种其他的形式，如阶级斗争、政治斗争、科学试验和艺术活动等，其中生产活动是最基本的实践活动，是决定其他一切活动的东西。人的实践是人的活动，具有客观实在的意义。检验真理的标准既是确定的、又是不确定的，这样的确定性和不确定性是相互统一的。实践标准实质上绝不能完全地证实或驳倒人类的任何表象。物质世界是不断发展的，认识主体具有一定的历史局限性，实践本身也要受主客观条件的限制，在一定的历史阶段，实践的广度和深度也只能达到一定的水平，因而人类在每一历史时期的实践都不能完全证实和检验当时的一切认识，有的认识还要通过反复的实践才能得到证实。实践性是马克思主义的本质特征和理论核心，如何理解马克思主义实践观，是理解整个马克思主义体系的基础。接下来进一步了解马克思主义哲学中实践观的形成过程。

马克思的实践观思想初步诞生于《1844年经济学哲学手稿》，在《神圣家族》中得到进一步发展，在《关于费尔巴哈的提纲》和《德意志意识形态》中最终形成。马克思实践观的核心是把实践作为马克思理论体系的整体思维方式，是理解人、人的社会生活、人与客观世界关系一般规律的基础，而不能片面地理解为人与客观世界的物质改造关系，或者是人类思维认识活动的基础。正如马克思在《关于费尔巴哈的提纲》中所说："从前的一切唯物主义（包括费尔巴哈的唯物主义）的主要缺点是，只从客体的或者直观的形式去理解，而不是把它们当作感性的人的活动，当作实践去理解，而不是从主体方面去理解。""哲学家们只是用不同的方式解释世界，而问题在于改变世界。"马克思主义的实践观则更加关注人类世界，马克思主义哲学是为改变现存人类世界的实践活动而创立的，它是马克思把握人、自然界及人类社会，理解、诠释和评价一切相关哲学问题的根本方法。正是在这个整体性意义上，马克思主义哲学又被称为"实践唯物主义"。马克思不仅强调以实践的观点来认识和改造世界，更重要的是以科学实践观来认识和改造世界。"凡是把理论引向神秘主义的神秘东西，都能在人的实践中以及对这个实践的理解中得到合理的解决。"

人的实践活动就是主体与客体之间的能动的、现实的、双向的对象化过程，它既不能理解为单纯意义上的客观本体性，也不能臆断为完全的主体决定论，而应理解为主体与客体的辩证统一。实践的"客观存在性"的真正含义：在主体的实践基础上的唯物性和辩证性的统一。传统唯物主义将实践活动看作是包含着人的主观目的和意志的活动，而忽视实践性原则的决定性作用的客观性。恩格斯在他的论述中批评了这一观点：自然科学和哲学一样，直到今天还全然忽视人的活动对人的思维的影响。一方面只知道自然界，另一方面又只知道思想。从中不难看出，马克思并不是把人的实践看成是外在于认识的，而应是人类认识活动的前提和基础，实践原则应是唯物主义的内在要求，坚持客观性必然要坚持实践性，实践的观点"必然导致唯物主义"。科学实践观的唯物性和辩证性统一是对传统物质实践观合理性的扬弃。马克思主义的实践观既不是如传统的唯物主义那样只从客观存在方面理解，也不是如唯心主义那样只从主观方面看待世界，它实现了主观性与客观性的双向性的统一，实践的唯物主义观承认自然物质世界的本源性，我们应该也只能在唯物史观的意义上理解实践唯物主义。物质世界不应仅以其客观存在来理解，抛开人的实践范畴而去探讨哲学问题，那是毫无意义的"经院哲学"，客观实在性应以主体实践的客观对象来理解才具有其方法论的意义，这是在实践基础上的唯物性与辩证性的统一。

实践是人的实践基础上的主体见之于客体的双向的对象性活动，是合规律性与合目的性的统一。实践的成功首先在于遵循客观规律，但获得关于事物的真理性认识并不能完全保证达到实践成功的目的，实践活动是一项主体见之于客体的复杂活动。马克思指出："动物只是按照它所属的那个种的尺度和需要来建造，而人懂得按照任何一个种的尺度来进行生产，并且懂得处处都把内在的尺度运用于对象；人也按照美的规律来建造。""人却懂得按照任何一个种的尺度来进行生产"的"种的尺度"即是客体对象的本质和规律的尺度。而内在的尺度，体现着的主体需要和目的人的尺度这种客观规律性和主观目的性的统一。

客观规律应是包含着人的实践活动所遵循的、主客体统一的双重含义的规律，而不应简单理解为客观事物的自身存在发展的规律。应遵从实践主体的目的性与规律性的统一，是人的主体能动性与创造性在遵守客观规律性的基础上的目的观念的物质实现过程，是人的自身需要和本质力量的外化，实现实践主体对对象客体和主体的双重改造，在主体的创造性活动中，实现人的实践不断发展深化，不断的由必然王国向自由王国超越。马克思主义的实践观始终是以主体的实践为出发点和归宿点的，实践观的全面发展客观地表现为人的自由而全面的发展。

三、 社会的观念

马克思对黑格尔市民社会理论的批判和深化在黑格尔的法哲学中，市民社会是指用相互需要的契约关系将人们联系起来的市场交往体系及其保障机制。黑格尔认为，这是一个区别于家庭和国家的社会领域。它虽然独立，但是却不自足、不完善，需要通过国家的强制统合才能达到人与人真正的联合。黑格尔认为，在国家与市民社会的关系上，是国家决定市民社会，国家为市民社会提供最终的伦理根据。马克思对于市民社会的考察，在他整个思想体系的形成过程中，具有极其重要的地位和意义。早期的马克思是一个黑格尔主义者，他从唯心主义转向唯物主义的过程，就是通过对黑格尔法哲学的批判完成的。马克思主要是在批判黑格尔市民社会理论的当代视野的过程中建立了自己的市民社会概念及其全部理论的。因此，马克思市民社会理论的最大特点：一方面，它继承并深化了黑格尔对市民社会的基本规定；另一方面，他把被黑格尔颠倒了的国家与市民社会的关系纠正了过来。

马克思继承并深化了黑格尔的市民社会理论。黑格尔之前的思想家，如洛克、孟德斯鸠、亚当·斯密等人已经看到了市场经济条件下国家与社会相分离的必然趋势，但是，他们却主要是从抽象的人性论出发来论证这一趋势的。他们认为，社会之所以独立于国家，是由人的自然本性决定的。人在本性上是自由的，这种自由的权利是"天赋的"，国家只是人们对自己天赋的自然权利让渡的结果，是人们之间订立契约的结果。这种社会政治哲学的论证方法却是非历史的、抽象的，近代以后一直遭到各方面的批判。黑格尔的巨大历史功绩就在于批判了这种非历史的和抽象的社会政治哲学的基础，从历史本身出发说明了历史的发展，说明了国家与市民社会的关系。马克思对黑格尔市民社会理论的继承，首先在于他对黑格尔这一历史主义方法论的继承。当代美国学者赛里格曼指出："和黑格尔一样，马克思反对任何18世纪思想家关于市民社会起源的'神秘的和幻想的'理论。"马克思并没有像黑格尔那样将历史的发展归于精神的自我运动，而是从社会关系，特别是经济关系中寻求对市民社会的说明。马克思指出："市民社会包括各个个人在生产力发展的一定阶段上的一切物质交往。它包括该阶段上的整个商业生活和工业生活。"市民社会"这一名称始终标志着直接从生产和交往中发展起来的社会组织"。

马克思不仅将黑格尔的"伦理关系"转换为"社会物质关系"，摒弃了他的神秘主义，而且将黑格尔对"社会关系"的认识深化为"经济关系"，从社会关系的本质（经济关系）上说明了社会关系。比之黑格尔的市民社会理论，马克思的这一理解是对市民社会本质更为深刻的把握。由于马克思是从现实的历史运动出发，而不是从理念的自我运动出发考察市民社会与国家及其附属物的关系。因而，就避免了黑格尔为市民社会设立一个伦理指向的目的论的结局。在黑格尔那里被看作自我完善的精神运动，在马克思这里则被看作人们自己活动的过程。"物质交往"关系概念，不仅把握了"需要的体系"的本质，而且也揭示了人们在"需要的体系"中实现需要的方式。通过物质的交往实现需要，全面地把握了市民社会中发生的人与人之间的关系，它指明了人与人之间的关系不仅包含了那些直接由物质需要决定的关系，也包含了那些不是直接由物质需要决定的关系。这就避免了将市民社会看作仅仅由经济交往的"需要的体系"而构成的弊端。

马克思纠正了被黑格尔颠倒了的国家与市民社会的关系。黑格尔的社会历史哲学曾对马克思产生过重要的影响。在对黑格尔法哲学进行批判之前，马克思还只是依据黑格尔的发展学说，认识到普鲁士王国并非绝对理性的体现是有待于发展和完善的。在《莱茵报》工作期间，他逐步看清黑格尔哲学的唯心主义体系与现实之间的深刻矛盾，看到经济利益、等级地位在现实生活中的作用，并从这里出发转向了历史唯物主义。用马克思自己的话来说，从市民社会本身解释社会历史，而这正是他整个历史唯物主义基本原则的最初确立。从学理上看，这一重要原则的确立是通过对黑格尔国家与市民社会关系的理论批判完成的。马克思指出："家庭和市民社会本身把自己变成国家。"恩格斯也曾指出："绝不是国家制约和决定市民社会，而是市民社会制约和决定国家。"

马克思早期所确立的这一观点是历史唯物主义的基本观点。它确立了市民社会与国家的基本关系，是理解马克思市民社会理论的基本出发点。在传统的马克思主义解释模式中，"市民社会"这一概念以及与之相关的全部理论的被忽视具有必然性。因为在这种解释模式中，社会历史的发展被高度地概括为生产力与生产关系、经济基础与上层建筑之间的矛盾　运动。

问题在于，无论是马克思还是黑格尔都认为，市民社会与政治国家的分离，是由市场经济"需要的体系"的形成所导致的。它只能建立在"整个的商业生活和工业生活"高度发达的基础之上，因而，它也只能是一种现代现象。对于这一点，马克思有过很多非常明确的论述，如马克思说："正如古代国家的自然基础是奴隶制一样，现代国家的自然基础是市民社会以及市民社会中的人，即仅仅通过私人利益和无意识的自然的必要性这一纽带同别人发生关系的独立的人，即自己营业的奴隶，自己以及别人的私欲的奴隶。"他又说："在古代国家中，政治国家就是国家的内容，其他的领域都不包含在内，而现代的国家则是政治国家和非政治国家相适应。"所谓政治国家和非政治国家相适应，用马克思的话来说，就是"完成了政治生活同市民社会分离的过程"。马克思所说的市民社会，是与现代的市场经济社会紧密相连的，不可能存在于一切社会之中。如果我们忽视了这一点，就会像有些人那样从"乡村自治"的传统中去寻求所谓的市民社会，这也就等于从根本上否定了市民社会问题所包含的巨大的现代价值。

马克思市民社会理论的意义。在西方市民社会观念的演变中，马克思的市民社会理论具有重要的地位，无论站在什么立场上，当代西方思想家们对这一点都是公认的。例如，当代研究市民社会问题的著名学者查尔斯·泰勒认为，马克思从经济关系上规定市民社会的本质，为他之后所有的市民社会理论的研究确立了基本的坐标。他说："马克思援用了黑格尔的概念，并把它几乎完全地化入经济领域，而且从某个角度讲，正是由于马克思这种观点的影响，'市民社会'才一直被人们从纯粹经济的层面加以界定。"

马克思批判地继承了黑格尔的思想，把市民社会看作是市场经济中人与人的物质交往关系和由这种交往关系所构成的社会生活领域。这一观点切入了市民社会的本质，从而深化了黑格尔所确立的市民社会的基本观念。马克思对市民社会的这一概括，可以说是近代以来将这一问题讨论的总结。他之所以能够做到这一点，关键在于他从市场经济中人与人的关系入手，剖析了市场经济社会的本质，这才使他的理论达到了前所未有的高度。马克思把市民社会看作是特定社会"一切物质关系"的观点，为后来市民社会问题的研究确立了一种崭新的方法和认识路径。不过，必须注意的是，马克思从市场经济中人们"全部的物质交往关系"出发把握市民社会，并将它的本质规定为"经济交往关系"，这并不意味着马克思将现实的市民社会等同于市场经济中的经济交换领域。马克思从经济的角度看待市民社会，把它规定为市场经济条件下人们的经济交换关系及其所构成的经济交往领域，这无疑抓住了市民社会的本质。

只有市场交往关系体系的形成，才使独立于国家的私人领域形成了一个因契约关系而联结的整体社会，才使人类社会的活动以现代的交往方式进行。市场交往中的契约活动是市民社会中个人最基本的活动，是人们进行其他一切活动的基础，因而制约着其他一切活动的进行；在市场交往中形成的契约关系也因而成为塑造市民社会中人与人关系的基础。如果离开了市场中的经济交往和契约关系，就不可能有市民社会与政治国家的现代分离，因而也就不可能有真正的市民社会。单纯的、不受制约的经济交往领域，只是最原始的私人自律领域，它是建立在私人财产所有权之上的"孤立的"商品交换领域，是绝对原子化的市场关系。在那种特定的历史条件下，市民社会的私人自律单纯以私有财产权为基础，私人自律的市民社会仅仅由有产的资产阶级来代表。

马克思的"市民社会"不能等同于"生产关系"或"经济基础"，而且，正是由于它包含了比后者更为丰富的社会关系和生活内容，才成为一个有独立价值的范畴。因此，对于马克思主义的社会历史理论的研究来说，市民社会理论是一个具有重大意义的问题。长期以来，正是由于对这一问题的忽视和回避，才使得我们无法有力地回应所谓"非经济决定论者"对历史唯物主义的歪曲和攻击。当代一些"后马克思主义者"，如葛兰西、哈贝马斯等人，从马克思的市民社会理论出发，将独立于政治国家的文化批判领域看作是发达市场经济条件下市民社会的新形式，并试图以此拓展马克思的市民社会理论。这些努力虽然还有待深入，却无疑表明了马克思的市民社会理论是一种具有巨大活力和理论合理性的社会历史理论。当然，当代的市场经济社会已经极大地区别于马克思时代的市场经济社会，如何根据变化了的社会现实研究市民社会的新发展，无疑是当前理论工作者新的历史任务。这也是一个具有重大现实意义的问题。市民社会并不是西方文化的特殊产物，而是市场经济的必然结果。虽然有不少学者对此持有异议或怀疑的态度，但是，只要我们看一看那些不具有西方文化传统的民族在取向于市场经济的发展模式之后社会关系所发生的巨大变化，注意到在他们的社会中迅速崛起的非政府力量的作用和影响，我们就不会再局限于文化主义的立场而看不到经济关系的决定性作用。既然"市民社会"并非只是某种文化的"特殊语式"，那么，当我们今天也取向于市场经济的经济制度时，我们就必须正确地面对和解释社会转型过程中社会生活的重大变化，正确地把握市民社会和国家政治权力之间的关系，以便在变化了的经济关系和全部生活关系上建构与之相适应的政治体制。这也许就是马克思市民社会理论所具有的最大的现实意义。

四、 历史的观念

近代西方史学诞生以来，欧洲学者们就试图对人类历史进行新的解释，这种努力在马克思那里达到了高峰。18世纪起，欧洲历史学家们对社会发展变化的原因给予了诸多解释。法国的唯物主义者如爱尔维修等从感觉论出发，认为人的思想意识中的所有表象和概念都是周围环境反映到人的意识中的结果。他们因此断言人及其一切意见都是环境主要是社会环境的产物，但他们又认识到任何民族亦不会和那个与他们的全部观点相矛盾的社会制度妥协，而将起来反抗这种制度，并按自己的意见修改宪法。因此，他们声称意见也在某种程度上决定环境的面貌。后来，他们又试图通过二者之间的相互作用来解释这个二律背反。1789年开始的法国革命深刻地改变了欧洲政治格局，也使历史学家们对社会历史发展变化形成了新的看法。19世纪初，法国复辟时代的历史学家西斯蒙第就声称：自然环境给一切人以一切，而政府则保存或取消在它们开始管辖时人们的那些人类共有的品质。从古罗马到19世纪，意大利的民族性格变化很大，而意大利的自然环境则没有变化，只是政府改变了——这个改变总是先于或伴随着民族性的改变，因此，政府是民族性格、道德风习和人的意见改变的原因。然而，当像西斯蒙第这样的历史学家对历史作进一步分析时，又发现政府的性格有时也为民族性格所决定，他们的历史分析使得他们自己又陷入矛盾中。

维科曾试图用政治革命的作用来解决这种矛盾，而后来的法国唯物主义者则用立法的作用来解决这个矛盾：一切从属于立法。然而，法国大革命的进程和结局——伟大的立法者和政治宪法相继更迭——驳斥了把社会环境的一切属性归因于"立法者"和"政府宪法"的观点。法国大革命以后的历史学家如基佐开始意识到不应按照政府的形式来判断人民的状况，而应该首先研究社会，即它的成员和社会群体的生活方式、不同的阶级关系，总之，就是公民的生活。另一些历史学家又提出，为了理解社会中不同的阶层，应该知道土地关系的性质及其财产关系。财产关系属于法权范围，历史学家们便进一步探索是什么创造了财产关系。有的学者认为是征服，但是在被问到为什么同样的军事征服在不同的国家，例如：中国和英国这样的国家里，产生不同的结果时，他们又用人的本性来解释。在他们看来，归根结底，人的天性、社会需要和理性是历史变革的最终原因。

法国复辟时代的历史学家和后来的空想社会主义者似乎都是靠诉诸人性来作为历史解释的最后依据的。原始资本主义的丑恶现实使人们怀疑18世纪启蒙哲学家所勾勒的理性王国。空想社会主义者和启蒙哲学家在寻求一种完美的政治制度时，按照人的天性，设计了许多乌托邦、"完美的"立法和合理的政府形式。他们也试图理解社会发展动因。他们当中理解最深刻的，如圣西门，已把财产关系看作是社会制度的基础。在问到欧洲历史上为什么正是这些财产关系而不是别的关系起着这样的作用时，圣西门认为这是由于产业发展的需要，但他最终还是把社会的发展诉诸人性或理性。

德国哲学家从另一个层面对社会发展的原因进行了探讨。德国辩证唯心主义把社会发展看成是必然的、合乎规律的过程。在黑格尔看来，启蒙学者和空想主义者所公认的那个观点也就是理性的意见支配世界，只在它也支配天体运动的意义上，即在规律性的意义上，才支配着历史。黑格尔认为，理念是人的天性及社会关系的本性，社会本性所依靠的这种特殊力量和最后基础。每个民族的历史就是它的特殊理念的实现，而每个特殊的理念，乃是绝对理念发展过程中的一个阶段。从黑格尔的"绝对理念"中，我们可以看到中世纪神学史观的"上帝"的影子。德国唯心主义对社会关系的本性和它的现实基础的理解显然非常令人难以理解，当谈到历史发展的动因时，他们乞援于绝对理念，认为绝对理念的属性，应该是这个过程最后的、最深刻的解释。但青年黑格尔派把抽象的理性解释成人的自我意识。而费尔巴哈在批判黑格尔式的宗教神学的基础上创立了人本主义。在他看来，人创造了神，神的本质就是人的本质；是人的本质的虚幻的反映；是人的本质的异化。人的精神和思想是附属于人的肉体的，是头脑的产物，脱离了肉体和头脑就不能有什么精神与思想。因此黑格尔的绝对理念不过是宗教神学理论中上帝的别名，也是上帝创世说的神学理论和宗教教义的翻版。费尔巴哈认为，黑格尔哲学关于思维先于存在，绝对理念外化为自然界是错的。实际上应是物质先于精神，存在先于思维，思维和存在统一于人这个主体。费尔巴哈批评黑格尔像神学家在宗教领域内创造了上帝一样，在哲学领域内也创造了神"绝对理念"。他认为，正如上帝是人的本质的异化，绝对理念也是人的意识的抽象化。在费尔巴哈看来，人的历史是人的本质的异化和复归的历史。人的本质是"自觉的自然本质"，因而是"类"，是把许多个人纯粹自然地联系起来的共同性。

历史是一个有规律的和必然的过程，没有偶然性存在。社会的进步是理性和知识的进步所推动的。圣西门认为历史有延续性、继承性、前进性，社会历史是个新旧交替的过程，新的总胜于旧的，新旧交替使社会发展进步。总的说来，圣西门同启蒙思想家一样，也用人性来解释历史。但他要对人的天性进行生理学的研究，企图以此来建立人的科学，研究社会的结构、社会机体的功能，这种观点为后来的孔德所继承，并成为孔德的社会学理论基础。圣西门对未来社会进行了构想：未来社会的发展应该保证满足大多数人的生活基本需求；每个人不论其出身和经历都应受到同等对待，最有品德的人应受到最大尊重。恩格斯谈到特定历史时代思想意识发展水平同经济发展水平不一致时说："历史上所有其他的偶然性和表面的偶然性都是如此，我们所研究的领域越是远离经济领域，越是接近于抽象的思想领域，我们在它的发展中看到的偶然性就越多，它的曲线越是曲折。历史过程中的决定性因素归根到底是现实生活的生产和再生产，但是，经济因素并不是唯一决定性的因素。"他强调，如果这样说，那就是把这个命题变成毫无内容的、抽象的和荒诞无稽的空话。社会的发展是一切因素间的交互作用，虽然就各种动因的力量强度而言，经济动因是推动社会的最强大力量。恩格斯还进一步阐明了政治结构和意识形态结构同经济结构相互作用和互为因果，从而推动社会发展的复杂表现形式，"总的说来，经济运动会替自己开辟道路，但是它也必定要经受自己所造成的并具有相对独立性的政治运动的反作用"。

马克思和恩格斯还分析了自然环境和国际社会环境对一个社会发展的影响。劳动，在他们看来，首先是人和自然之间的过程，是人以自身的活动来引起，调节人和自然之间的物质交换的过程。他在1877年评论说，马克思"在整个世界史观上实现了变革"。马克思对不同社会的历史发展进行比较，概括抽象出规律和模式。马克思同时还是一位革命家、政治哲学家和社会学家。马克思的历史唯物论并不是任何一个试图夺取政权和巩固政权的政治宗派的哲学和历史观念，也不是一个用来裁剪历史事实的公式，而是进行进一步研究的工作指南。正如列宁所说："马克思主义绝没有与'宗派主义'相似的东西，它绝不是离开世界文明发展大道而产生的固步自封、僵化不变的学说。" "历史唯物主义并不是一个封闭的、以最后真理为起点的体系，它只是研究人类发展过程的科学方法。" "如果不把唯物主义方法当作历史研究的指南，而把它当作现成的公式，按照它来剪裁各种历史事实，那么它就会转变为自己的对立物。"恩格斯强调说：我们的历史首先是进行研究工作的指南。

马克思主义哲学史上，那些主张马克思的历史辩证法属于历史哲学传统的人认为，马克思是通过研究历史哲学和历史学而创立历史辩证法的，因此历史哲学和历史科学的研究在马克思历史辩证法的创立中起了决定性的作用。马克思的历史辩证法只能是历史哲学的继承，是在哲学的过滤后才进入马克思的历史辩证法的，这在马克思对黑格尔哲学的批判中可以得到证明。

要把历史唯物主义降低为实证科学，也从来没有否定过历史唯物主义的形而上意义。"实践的唯物主义"把历史唯物主义作为一种新的哲学传统与以往所有的思辨哲学对立起来。把历史唯物主义定义为"历史科学"，无非是要说明他的历史唯物主义不是黑格尔思辨哲学意义上的历史辩证法的最主要思想来源。但这并不意味着马克思否定了历史，马克思从来都不否定历史，在

《德意志意识形态》中，他就是把其作为历史唯物主义来看的。把"实践的唯物主义"定义为"改变世界"的哲学时，实际上是文化理性与科学理性相对立的历史观念。科学理性作为一种历史观念，历史是观念的历史或者理智的历史。

马克思始终重视历史哲学和历史科学的研究，他阅读过近现代德国、法国、比利时历史学家的著作，在这些阅读中的历史唯物主义被定义为"历史科学"。"唯一的唯物主义的方法，也是唯一科学的方法。那种排除历史过程的、抽象的自然科学的唯物主义的缺点，每当它的代表越出自己的专业范围时，就在他们的抽象的和意识形态的观念中显露出来。"马克思在这里所说的唯物主义的方法不是抽象的自然科学的方法，而是现代历史科学的批判方法。

人们依然还局限于思辨哲学的框架之中，并没有研究马克思的历史批判方法；在历史唯物主义的研究中，人们依然醉心于历史理论的研究而没有开辟历史辩证法的研究；在西方马克思主义哲学的研究中，人们过多地关注哲学家个体思想而没有从哲学传统的流变上论述西方马克思主义哲学的传统及其内在逻辑。这方面研究向我们展示了一个有效的路径。历史哲学发展的链条上，通过考察马克思历史辩证法与维系历史哲学之间的关系，揭示马克思历史辩证法的传统及其对这个传统的变革点，展示马克思历史辩证法的独特性格。

第五章　发展、变异之中的理论分歧

马克思主义经过它的奠基人——马克思、恩格斯，以及一批马克思主义者的努力，已经奠定了坚实的基础，形成了博大精深的理论体系。19世纪末到20世纪初，是马克思主义史上的一个重要时期。资本主义在政治、经济、社会、文化各方面都有了剧烈变化，这些新的挑战，也拉开了20世纪马克思主义进一步发展的序幕。

第一节　时代的新变化及马克思主义面临的挑战

1870年以后，突飞猛进的科学技术，各种新技术、新发明层出不穷并迅速被应用于工业生产，很大程度促进了经济的发展，这被称为资本主义国家的第二次工业革命。19世纪的最后30年间，欧美主要资本主义国家发了生以电力广泛应用为特征的第二次产业革命。以重工业为主的工业化国家崛起，推动了社会生产力高速、高效前进，也推动了主要资本主义国家生产力的高速增长。但这样的增长在资本主义国家中、在工业结构的发展上是不平衡的。生产力增长影响了已经存在的资本主义生产关系。马克思主义的发展面临着新的挑战。

资本主义经济的暂时繁荣，特别是由于辛迪加、托拉斯等垄断组织的出现，使得资本主义表象从无政府状态演变成"有组织的"经济制度，生产社会化与生产资料私人占有的基本矛盾已有所"缓解"。

辛迪加：原意是"组合"、"联合"，是垄断组织的一种重要形式。指同一生产部门的少数大企业为了获取高额利润，通过签订共同销售产品和采购原料的协定而建立的垄断组织。参加辛迪加的企业在生产上、法律上保持独立，但在商业上已失去了自主性。辛迪加较卡特尔牢固，它主要是在采购与销售领域。

托拉斯：是较高级的垄断组织形式。指由许多生产同类商品或在生产上有密切关系的企业为了垄断某些商品的产销，从而获得高额利润而组成的大型垄断企业。可分为以金融控制为基础的托拉斯和以企业合并为基础的托拉斯等。托拉斯在美国最为普遍，其作用覆盖整个采购、生产、销售过程，它可说就是一个大的垄断企业。

资本主义和平时期存在的"合法斗争"，极大地淡化了无产阶级的革命意识，使得对于运用无产阶级革命手段取得社会主义革命胜利的必然性的认识模糊了，主张阶级合作、走和平的"议会道路"，用渐进的手段向社会主义"进化"的理论。资产阶级政府调整统治策略，利用从殖民地剥削来的部分超额利润，收买本国工人阶级中的上层分子，使其蜕变为贵族，在理论上组成一个马克思主义内部的修正主义。修正主义者宣布马克思主义已经过时，是在发展马克思主义的前提下，否定了马克思主义在新时代的科学性，及它对国际社会主义运动的指导意义。

一、 爱德华·伯恩施坦

爱德华·伯恩施坦（1850年—1932年），是德国社会民主党的著名活动家，他一生的理论和政治活动经历了三个阶段：小资产阶级激进民主主义者，马克思主义者，修正主义者。从1881年初担任党机关报《社会民主党人报》编辑到1895年恩格斯逝世，这15年是伯恩施坦的黄金时代。他是作为一位杜林主义者加入德国社会民主党的，以拉萨尔主义和杜林主义的眼光来看待马克思和马克思主义。在此期间，他在恩格斯的直接关怀和指导下，对于传播马克思主义、反对党内机会主义、揭露和批判统治阶级的反动政策等方面，对党内的建设做出了重大贡献，因此他在党内和国际工人运动中赢得了很高的声誉。列宁也曾说，伯恩施坦当时是一个"革命的社会民主党人"。1895年8月恩格斯逝世后，伯恩施坦"修正"马克思主义基本原理的倾向开始公开显露出来。1896年至1898年，他在《新时代》上以《社会主义问题》为总题目发表的一组文章，成为他对马克思主义"传统解释"的最初"批判"，成为这一时期对马克思主义公开责难的代表，开启了德国社会民主党内关于什么是马克思主义、如何发展马克思主义的大争论。其主要内容有：

1. 借口反对"崩溃论"，否定资本主义经济发展中资本集中的新趋势和经济危机的现实性。借口把落后民族纳入文明化制度范围，为资本主义殖民政策辩护。根据资本主义的中小型企业存在和发展的片面事实和信用制度、商业统计等新机能的出现，否认资本主义经济发展中的资本集中的新趋势和经济危机的现实性。

2. 断言资本主义制度内部已经生长起越来越多的社会主义因素，消解无产阶级反对资本主义制度的革命意义和作用。其社会主义因素主要包括：经济立法的完善、社会对经济监督权的扩大、企业的民主管理的逐步发展等。

3. 以"探求当前问题的细节"的重要性为借口，主张放弃科学社会主义的一般原理（"通则"）和社会主义的最终目的。"最终目的是微不足道的，运动就是一切"是伯恩施坦的座右铭。"主义"与"问题"之争。"共产主义渺茫论"。

4. 借口把落后民族纳入文明化制度范围，为资本主义殖民政策辩护。他试图区分殖民政策的好与坏的方面，认为社会民主党应该反对的是帝国主义对殖民地的暴行和掠夺，而不应该反对国际贸易的扩展，因为这有利于把落后民族纳入文明制度的范围。

二、 伯恩施坦对马克思主义的全面修正

1899年1月，伯恩施坦发表了《社会主义的前提和社会民主党的任务》，简称《前提和任务》，书中伯恩施坦对他的机会主义理论与政策作出了最为系统的论述，同时也是他对马克思主义基本原理作出的最为全面的"修正"。伯恩施坦本人也承认，这本书中不仅"在许多要点上违背了马克思和恩格斯的理论主张的见解"，而且该书的目的就是为了说明"马克思和恩格斯的学说在哪些点上大体是错误的或者自相矛盾的"。《前提和任务》成了伯恩施坦与德国社会民主党、与第二国际马克思主义者决裂的宣言书。

（一）对马克思主义哲学的全面修正

1. 用新康德主义代替辩证唯物主义

伯恩施坦认为马克思和恩格斯把唯物主义作为社会主义的哲学基础是错误的。马克思思想中的一切困难和问题，都是与唯物主义联系在一起的。社会民主党总有一天要对马克思主义的教义进行批判的审查和严厉的责备。他指出这一教义的表面上的唯物

主义有哪些是最高程度的因而也是最易走入歧途的空论，指出轻视理想和把物质因素抬高到无所不能的发展力量是自我欺骗，而散布这种欺骗的人已经通过行动随时发现了或者将要发现它的本来面目。在这里，伯恩施坦把唯物主义与承认理想、道德、信念等精神的作用的观点对立起来，实际上把马克思主义的辩证唯物主义歪曲为庸俗唯物主义，因而要用抬高精神作用的新康德主义代替马克思的辩证唯物主义。

2. 用庸俗进化论代替唯物辩证法

伯恩施坦从否认黑格尔的辩证法入手，否定唯物辩证法。他宣称黑格尔的辩证法是认识的"陷阱"和"圈套"，是"马克思学说中的叛卖性因素"和"最致命之处"，因此必须"清除马克思主义中的黑格尔主义"。

3. 用折中主义的因素论代替历史决定论

伯恩施坦一方面把马克思在《〈政治经济学批判〉序言》中概括的唯物史观的基本原理歪曲为具有宿命论倾向的经济决定论，认为它把人归结为生产关系的傀儡；另一方面把恩格斯晚年强调上层建筑的能动性作用的观点歪曲为把马克思的经济决定论修正为"因素论"，也就是承认经济、政治和思想因素的共同的相互作用。这实际上是对社会历史中的各个因素同等看待，等量齐观，是典型的折中主义历史观。

（二）对马克思主义政治经济学的全面修正

1. 以对马克思劳动价值论的彻底否定为起点，进而对马克思的剩余价值论大加贬斥，从根本上否定马克思主义政治经济学的理论基石。伯恩施坦断然认为，马克思所说的价值只是一个主观的"纯粹的思想的幻想"，是"思维的公式或科学的假设"，缺乏现实的可行性。伯恩施坦认为马克思的剩余价值只是一种"道德的命题"，并不能从理论上说明资本主义的剥削。

2. 否定马克思的资本积累学说。伯恩施坦避开资本积累的实质及其必然性，只是从"资本家数目"的多寡上认识问题；撇开资本主义股份企业运行中大资本家对股份的实际控制权，以及股份企业中资本主义私有制性质的内在规定，只是从持股人数的迅速增长上认识问题；撇开资本主义生产方式中资本积累和资本有机构成提高的内在趋势，只是空泛地谈论剩余价值的"吸收"问题。

3. 否认了经济危机的现实可能性，宣称马克思的资本主义经济危机理论是一种"过时"的理论。伯恩施坦故意混淆产生资本主义经济危机的源头和直接原因，舍弃对资本主义基本矛盾及其性质的分析。得出信用制度能够自行改变资本主义私有制性质和个别工业中出现的生产过剩不意味着普遍的危机，这样两个与马克思的资本主义经济危机理论相反的结论。

（三） 对科学社会主义理论的责难

1. 对马克思主义阶级斗争和无产阶级专政学说的背叛

伯恩施坦把阶级的划分完全看作对人们的财产及其收入的划分，以现代企业中劳动过程分工体系的等级划分来理解阶级问题。否定马克思主义的无产阶级专政理论的科学性和正确性，一方面污蔑马克思主义的无产阶级专政理论是以法国革命的恐怖时期为典型例子的，不具有普遍性，另一方面又宣称无产阶级专政一词现在已经过时，已没有生命力。

2. 对无产阶级政党及其任务的曲解

伯恩施坦强调，在德国社会民主党的理论中，应该取消用无产阶级社会来代替资产阶级社会的提法，而应该采用"社会主义社会制度来代替资本主义社会制度"的提法。（"社会主义制度"是一种与科学社会主义理论大相径庭的进化的资本主义制度。）

他要求德国社会民主党担负起保障阶级利益和民族利益的责任，要以维护资产阶级利益为其对外政策的指导原则，主张德国社会民主党成为一个"民族的党"。

3. 对社会主义目标和特征的歪曲

伯恩施坦认为，在马克思主义文献中，关于合作经营的论述是十分肤浅的，并且也没有以理论上的"公平态度"来对待合作社，其实合作经营形式不仅与资本主义直接对立，而且是社会主义制度的最好体现。它虽然不是社会主义本身，但它作为工人组织包含着充分的社会主义因素，足以把自己发展成社会主义解放的有价值的和不可缺少的杠杆，它是和平长入社会主义的理想模式。

对此，德国社会民主党内首先展开了对伯恩施坦修正主义理论的公开争论，先后召开了1898年10月的斯图加特代表大会、1899年10月的汉诺威代表大会、1901年9月的卢卑克代表大会和1903年的德累斯顿代表大会，围绕"运动和最终的目的"等，就伯恩施坦的修正主义展开争论。罗莎·卢森堡、奥古斯都·倍倍尔、卡尔·考茨基是其中站在批判前沿的斗争者。

第二节　对于修正马克思主义的争论

一、罗莎·卢森堡

罗莎·卢森堡（1871年—1919年），国际共产主义运动著名政治活动家和理论家，德国社会民主党和第二国际左派领袖。在校期间，她除了努力学习规定课程外，还刻苦学习马克思、恩格斯著作，积极成为一名马克思主义者。1898年，她移居德国，加入德国社会民主党。到柏林后，她积极参加社会民主党的竞选活动，多次在集会上发表演说，表现了杰出才能，受到了党的信任，其重要功绩是，她挑起了批判伯恩施坦修正主义的旗帜，写了一系列文章。

面对伯恩施坦修正主义公开化，卢森堡加入到德国社会民主党左派与伯恩施坦修正主义论的论战中，坚定地站在斗争的最前列。在反对伯恩施坦修正主义理论的斗争中，她为捍卫马克思主义理论的纯洁性，对基本理论作了新的阐释。这个无产阶级的坚定斗士被列宁誉为"革命之鹰"。卢森堡对伯恩施坦修正主义的批判，对资本主义必然灭亡的理论作了阐释；对如何捍卫马克思主义无产阶级政党及其原则理论问题作了阐述；对劳动价值论的科学性作了深刻的思考。在批判伯恩施坦修正主义理论中，卢森堡对马克思主义历史命运的思考，虽然在论证上还有不足之处，甚至还有某些错误，但她始终是那一时代的一位杰出的马克思主义理论家和无产阶级革命家。对于修正马克思主义的争论，卢森堡主要从三个方面对马克思关于资本主义必然灭亡的理论作了阐释：首先，针对伯恩施坦关于信用在资本主义经济发展中所起的作用的错误理解，论述了资本主义时代变化中的新现象与社会经济关系的联系；其次，针对伯恩施坦关于企业主联合组织性质的错误理解，对卡特尔这一企业主联合组织的性质及其在资本主义经济运行中的作用形式作了论述；最后，针对伯恩施坦关于中小企业在资本主义经济及发展性质的错误理解，解释了中小企业的发展与资本主义发展之间的关系。

在斯图加特代表大会开幕前，卢森堡在《萨克森工人报》上发表了《关于斯图加特党代表大会》一文，面对伯恩施坦修正主义者向无产阶级政党的一般原则发起的挑战，强烈呼吁要对党的策略原则展开争论，统一全党的理论认识，制定无产阶级革命的新策略。在代表大会上卢森堡对伯恩施坦"运动就是一切，最终目的是微不足道的"观点的实质及其对党的理论基础和策略原则的危害作了剖析。在代表大会结束后，卢森堡立即发表了《党代表大会的回顾》一文，提出了两个极有意义的理论问题，一是关于无产阶级政党"必须在两个方面进行斗争"的理论，反"极左派"倾向和反机会主义倾向的斗争，二是关于如何加强党的原则和基本理论斗争的问题。卢森堡运用总体分析的方法，在深刻揭示伯恩施坦提出的种种理论观点和策略主张的内在关系和本质的基础上，对马克思主义的历史命运作了思考，坚定地认为，马克思的劳动价值论的科学性，是与他的唯物史观、科学社会主义理论完全一致的。卢森堡还对伯恩施坦反对马克思主义基本原理的手法作了揭露，先是要适应马克思学说的既有的形式和现存的语言，然后再慢慢地脱去旧外壳，在发展的口号下，公开采用所谓的"新的"形式和语言，消解马克思主义的科学性、阶级性和革命性。

二、 奥古斯都·倍倍尔的理论批判

奥古斯都·倍倍尔（1840年—1913年），德国社会民主党的主要领导人之一。关于对倍倍尔的评价，许多人尚存在不同的看法。但是，不可否认的是倍倍尔是德国社会民主党人中最先站出来抵制和批判伯恩施坦修正主义理论的马克思主义者之一。他在斯图加特大会上的发言中公开声明"我不赞成伯恩施坦的观点，在一些重要的问题上我同他有分歧"。虽然他一开始不赞成在党的代表大会上讨论伯恩施坦的问题，认为伯恩施坦问题不是党的"策略"问题，而是党的"基本观点"问题。然而，他在会后给伯恩施坦的一封信中，对其思想的根源及实质作了深刻的剖析，这体现了倍倍尔对伯恩施坦机会主义思想认识的深度。

首先，倍倍尔认为，伯恩施坦思想的蜕变和他所处的"环境"有着极大的关系。他坦率地向伯恩施坦指出："促成这种变化的是，你把你暂时在其中生活的环境当成了普遍适用的标准，并且力图用你全部洞察力来证明这一点。只看到你所愿意看到的东西，而当你看不到你愿意看到的东西时，你就进行编造。"在思想方法上，他指出伯恩施坦对问题的观察是很片面的，只会分析，缺乏综合性的思维与概括。这虽然不会起决定作用，但是，正确的思想方法是全面而准确地理解和运用马克思主义的基本前提，特别是在时代的转折关头更是如此。

其次，他认为伯恩施坦思想的蜕变，也和他加入德国社会民主党前后的思想发展有着密切的联系。倍倍尔指出，伯恩施坦曾经是一个"狂热的杜林分子"，后来又变成"赫希伯格分子"，之后在与赫希伯格、施拉姆合写的《德国社会主义运动的回顾》一文中，自觉地宣扬了机会主义理论。在倍倍尔看来伯恩施坦在新的历史条件下的理论主张，实际上是他一贯坚持的机会主义路线的重新泛起。

最后，倍倍尔明确指出，在《前提和任务》中，伯恩施坦对马克思主义的理论基础——唯物史观、辩证法、劳动价值论、资本积累论、无产阶级贫困化理论和资本主义经济危机理论等，作了全面的攻击。倍倍尔集中批判了伯恩施坦论及他的与党的纲领密切相关的一些理论观点，指出应该保持革命的品质，以勇气、热情、献身的精神坚持革命胜利的信念。

三、考茨基的理论批判

卡尔·考茨基（1854年10月18日—1938年10月17日），社会民主主义活动家，亦是马克思主义发展史中的重要人物。考茨基是卡尔·马克思代表作《资本论》第四卷的编者，是19世纪末德国社会民主党内最主要的领导人之一。作为第二国际内最负盛名的马克思主义理论家，考茨基在"伯恩施坦问题"上的立场和观点，具有举足轻重的影响。从伯恩施坦发表《社会主义问题》的一组文章，一直到《前提和任务》一书出版这一时期，考茨基是作为伯恩施坦机会主义的反对者出现的，是作为马克思主义者同伯恩施坦机会主义思想展开斗争的。1899年3月—4月，考茨基开始在《前进报》和《新时代》上连续发表文章，对伯恩施坦主要理论观点作出详尽的、系统的批判，后对他的这些文章作了修改和补充论述，并在1899年9月完成了题为《伯恩施坦和社会民主党纲领》的著作。后来考茨基离开马克思的科学道路，开始宣扬跟伯恩施坦如出一辙的机会主义理论，考茨基被列宁作为修正主义的代表人物加以抨击，他也认为以列宁为代表的前苏联共产党走上了歧途，追求独裁。

他认为"在马克思主义的社会主义中，决定性的是方法，而不是结论。"在对社会问题的分析中，马克思和恩格斯的最根本的"方法"就是唯物史观。伯恩施坦正是以对这一根本方法的歪曲性的理解为起点，对马克思主义作出全面的"修正"的。其次，他看到伯恩施坦通过对马克思关于唯物史观著述中的个别词句的诡辩，通过对马克思思想发展史实的歪曲性的演绎，把马克思的历史观解释成一种宿命论，解释成一种机械的自动的必然性的理论。考茨基进而指出，伯恩施坦正是在对马克思思想作出上述曲解的基础上，得出了两个极其错误的结论。

他认为伯恩施坦的错误论点表现在：首先，马克思所说的"剥夺者被剥夺"，是对资本主义生产方式历史发展趋势的一种概括，伯恩施坦把资本主义生产方式发展的历史趋势同资本主义发展的现实状态混淆在一起，并用资本主义现实经济发展中的一些暂时的现象形态，来否认资本主义经济发展的内在、必然的趋势。

马克思关于"剥夺者被剥夺"的理论，是以资本集中的发展为前提的。伯恩施坦故意用一些孤立的、片面的统计材料，得出资本集中不是加剧而是变得缓和了的错误结论。在考茨基看来，马克思关于资本主义生产方式历史发展趋势的理论，是完全经得住19世纪末资本主义经济发展的实际检验的。马克思的这一理论仍然是观察与分析资本主义生产方式内在矛盾与历史趋势的科学武器。

伯恩施坦修正主义的出现，不只是德国的一种民族现象，更是一种在自由竞争资本主义向垄断资本主义过渡中的国际现象，法、英、意、奥地利等国步伯恩施坦修正主义理论后尘，加以宣扬。法国的拉法格、俄国的普列汉诺夫等人为了捍卫马克思主义的纯洁性，为了推动革命事业的发展，坚决反对伯恩施坦修正主义。这一论战由德国社会民主党扩展为国际范围内的论争。

四、普列汉诺夫的理论批判

格奥尔格·瓦连廷诺维奇·普列汉诺夫（1856年—1918年），俄国马克思主义先驱，俄国社会民主工党总委员会主席。

他早年是民粹主义者，在1883年后的20年间是俄国马克思主义政党的创始人和领袖之一，是最早在俄国和欧洲传播马克思主义的思想家，也是俄国和国际工人运动著名活动家，十分受列宁尊敬。

1. 普列汉诺夫尖锐地批判了修正主义者对马克思主义辩证唯物主义和历史唯物主义的攻击，对马克思主义哲学作了深刻的思考。面对伯恩施坦等人把唯物主义混同于唯心主义，认为辩证法是"陷阱"，应该"回到康德"那里去的错误观点，普列汉诺夫不仅对康德的哲学进行深入批判，还深刻地揭露了伯恩施坦的"哲学的无知"。普列汉诺夫以其丰富的哲学史知识和现代社会生活的历史经验，论证了马克思主义唯物主义和辩证法的正确性及其唯物史观的科学性。他认为唯物主义是人类思想史上绝无仅有的一次真正的革命，辩证法是马克思主义哲学体系的灵魂，唯物史观是对历史作出科学说明的唯一理论，使人们有可能把人类历史当作有其自身规律的过程来理解。同时，普列汉诺夫强调了哲学在马克思主义理论体系中的重要地位和作用，认为哲学是在一定时代所达到的思想和社会发展水平上概括人类全部经验的综合观念的体系。

2. 在经济学理论批判中，普列汉诺夫尖锐地批判了伯恩施坦的经济学理论，对马克思主义政治经济学作了较为深入的探索。在论证无产阶级相对贫困化问题上，普列汉诺夫批判了伯恩施坦所谓的财富分散、有产者人数增加的言论完全是杜撰出来的；实际上股份公司的大量出现是财富集中、贫富差距扩大的新因素。在论证资本主义经济危机与社会主义革命问题上指出，修正主义者没有经济危机就没有革命的说法是错误的。一方面资本主义制度下经济不平衡现象的发展与无产阶级状况的恶化必然导致经济危机，社会革命发生也就是必然的；另一方面即使没有经济危机，工业萧条引起的失业、贫困和痛苦，也完全可能引起阶级斗争的尖锐化。资本主义生产方式上，修正主义者的"崩溃论"是主观臆造的，违背马克思生产力与生产关系的关系原理。

3. 普列汉诺夫尖锐地批判了伯恩施坦修正主义者攻击马克思主义关于社会主义革命的学说，对马克思主义科学社会主义理论作了进一步思考。伯恩施坦等人认为暴力革命是"无谓的生存牺牲"、无产阶级专政是"低级文化"，其大多是引用了马克思之前的学者的话而已。普列汉诺夫认为，在暴力革命问题上，在原则上不能放弃这一行动的手段，在环境必要的时候通过采用武装暴力夺取政权，实行无产阶级的专政。他强调，某一阶级的专政，就是该阶级的统治，可以使它支配社会上组织起来的力量维护自己的利益，镇压那些直接或间接威胁它的利益的各种社会运动。

客观地评价，普列汉诺夫对马克思主义理论，特别是马克思主义哲学做出了重要贡献，但是由于他不了解世纪之交资本主义时代的性质和特征，不了解俄国无产阶级在资产阶级民主革命中的领导作用，过高地估计了自由资产阶级的作用，过低地估计了农民的革命作用等，因而他在一些理论观点上是不彻底的、不科学的。

1900年10月在巴黎召开的第二国际第五次代表大会，就是国际范围内马克思主义者与伯恩施坦主义者的第一次正面交锋。米勒兰问题成为中心议题。意大利社会党人恩利科·费利提案，坚持策略与原则的统一性。反对米勒兰的叛卖行为，认为在资本主义制度下，只有依靠组成阶级政党的工人的力量，并且禁止参加资产阶级政府，来夺取社会权力，社会党人应当对资产阶级政府保持不屈不挠的反对立场。考茨基提案，认为米勒兰入阁是策略问题，不是原则问题。在政治形势要求时，个别社会党人参加资产阶级政府不是夺权的开始，只是迫不得已采取的暂时性手段而已。大会最后以29票对9票通过了考茨基的"橡皮性"提案，这一结局标志着以考茨基为代表的"中派"的产生。三派分立在巴黎大会关于米勒兰入阁问题的争论中，基本形成了左、中、右三派。以费利、盖得为代表的左派，从原则上谴责米勒兰的背叛行为，坚决主张对米勒兰的叛卖行为予以制裁；坚持马克思主义基本原理，坚持无产阶级革命，与右倾机会主义和"中派"彻底划清界限。以考茨基为代表的"中派"，站在调和、折中的立场上，实质是寻找各种借口躲避革命。以饶勒斯为代表的右派，极力赞成和支持米勒兰的叛卖行为并为其辩护；公开否认资产阶级的自由主义和无产阶级的社会主义之间在原则上的对立，否认马克思主义的阶级斗争理论，直接地反对无产阶级革命，主张资本主义和平过渡到社会主义。随着三派争论日趋激烈，分裂也日趋明显，但是，修正主义集团逐渐地篡夺了第二国际的领导权，在国际中占据了统治地位。修正主义的危害，使第二国际在思想上和政治上面临着破产。马克思主义成为书本上的"条条"和孤独的"信条"，使人们丧失了对马克思主义的信心，使马克思主义面临着更为严峻的挑战。

五、 拉法格的理论批判

保尔·拉法格（1842年—1911年），法国杰出的马克思主义理论家，法国工人党和第二国际创建人之一。拉法格反对新康德主义和哲学上的修正主义，捍卫和宣传辩证唯物主义和历史唯物主义。拉法格还批判了饶勒斯的修正主义哲学观点。拉法格指出，是经济的必然性而不是正义观念引导人类前进的，资本主义生产的经济力量不可避免地要把社会引到共产主义上来。在反对法国当时流行的无政府主义的斗争中，拉法格捍卫了马克思主义的阶级和阶级斗争学说，坚持科学的国家观，强调社会主义革命和无产阶级专政的必然性。

拉法格深入研究了大量的哲学问题，特别是观念的起源问题。他能将马克思主义理论运用于不同的领域，对马克思主义一系列理论作出富有独创性的思考。拉法格在理论上也还有一些缺陷，如没有充分理解和重视唯物辩证法，有时陷入形而上学的机械论；把马克思的唯物史观称为经济决定论等。著有《马克思的经济唯物主义》、《宗教和资本》、《唯心史观和唯物史观》、《财产及其起源》、《马克思的唯物主义和康德的唯心主义》、《思想起源论》等。

1. 拉法格对马克思主义哲学的捍卫。拉法格在对新康德主义的批判中，对马克思的唯物史观作了深刻的论述。他认为，唯物史观是马克思交给我们的"新的工具"，它为我们提供了一个从历史事件的混沌状态中把握历史发展规律的科学方法；同时在实践、经验中去发现和消除这一"工具"的不足。"如果人类只依赖感观认识外部世界，那么人类的认识几乎不会超过动物的认识"；即使感观不发生错误，它所能认识的客观事物也是非常有限的；科技发展使人的认识能力提高。人对客观世界的认识是一个逐渐趋向完善的、不断变化发展的过程。

2. 拉法格对垄断资本主义经济学的贡献在于把研究放在时代特征的基础上。拉法格阐明了自由竞争资本主义向垄断资本主义过渡的本质，为马克思主义关于垄断经济学的形成做出了贡献。拉法格在1903年撰写的《美国托拉斯及其经济、社会和政治意义》一书，是较早研究垄断资本主义问题的马克思主义文献之一。他认为，自由竞争的发展必然把大部分商人和工业资本家"从有限的生产和交换领域内赶出来，只留下一些巨头，而这些巨头最终又会联合起来，以便消除任何竞争"，其结果产生了无比巨大的垄断。垄断资本对社会的全面统治就是自由资本主义向垄断资本主义过渡的本质。垄断的发展需要资本的扩大和集中，工业发展需要与金融资本的联合，从而使资本的本性能最大程度地发挥——攫取剩余价值，生产过剩需要，寻求国外市场——采取武装侵略的形式进行。这一论断后来被列宁所证实。

3. 拉法格对马克思主义社会革命学说有所发展。在阐述无产阶级的历史作用时，拉法格探讨了无产阶级解放的道路和奋斗目标，推进了马克思主义关于社会革命学说的发展。拉法格在长期参加工人运动、考察无产阶级反对资产阶级的斗争中，对无产阶级的历史作用有了更为深刻的认识。他认为，无产阶级的地位使它非常欢迎共产主义思想，以便能够组织起来进行经济的和政治的斗争；这个阶级一定能够"结束资本主义的僭夺并将那集中起来的生产手段所已采用的共产主义的形式推广于全社会"。

知识链接

辩证法

辩证法是关于对立统一、斗争和运动、普遍联系和变化发展的哲学学说，源出希腊语"dialego"，意为谈话、论战的技艺，指一种逻辑论证的形式。现在用于包括思维、自然和历史三个领域中的一种哲学进化的概念，也用来指和形而上学相对立的一种世界观和方法论。

辩证唯物主义

辩证唯物主义，是马克思、恩格斯批判地吸取德国古典哲学——黑格尔的辩证法的"合理内核"和费尔巴哈唯物论的"基本内核"，在总结自然科学、社会科学和思维科学的基础上创立的系统科学的逻辑理论思维形式，是一种以马克思和恩格斯学说来研究现实的哲学方法，是用"辩证的观点"和"唯物论的观点"解释和认识世界的理论。一般认为"辩证唯物主义"和"唯物辩证法"在本质上是一致的。

辩证唯物主义的基本观点有：1.唯物主义认为，物质是第一性的，意识是第二性的。世界的本原是物质，世界的万事万物都是物质派生出来的。2.物质世界是按照它本身所固有的规律运动、变化和发展的。规律是客观的，是不以人的主观意志为转移的。3.辩证的唯物主义观点是相对于机械唯物主义而言的，即将辩证法与唯物主义相结合。

不可知论

不可知论是一种唯心主义的认识论，认为除了感觉或现象之外，世界本身是无法认识的。它否认社会发展的客观规律，否认社会实践的作用。不可知论最初是由英国生物学家T.H.赫胥黎于1869年提出的。不可知论断言人的认识能力不能超出感觉、经验和现象的范围，不能认识事物的本质及发展规律。在现代西方哲学中，许多流派从不可知论出发来否定科学真理的客观性，否认认识世界的可能性或者否认彻底认识世界的可能性。

簿记

簿记是为了管理经济主体因经济交易而产生的资产、负债、资本的增减，以及记录在一定期间内的收益和费用的记账方式。

一般说到簿记是指复式的商业簿记。

德国古典哲学

德国古典哲学一般是指康德、费希特、谢林、黑格尔和费尔巴哈的哲学，是代表西方近代哲学的最高阶段。它继承了由德国哲学家莱布尼茨代表的唯理主义倾向，同时又受到了苏格兰启蒙运动中著名哲学家休谟的经验主义和怀疑论的影响，此外，以莱辛、歌德为代表的启蒙运动文学也对德国古典哲学起到了相当程度的影响。（斯宾诺莎的宿命论思想有时也被认为是德国古典哲学的重要思想来源之一。）在这些思想的共同影响下，德国古典哲学家总结并探讨了一系列哲学上的重大问题，尽管他们中的多数经常被泛泛地认为是唯心主义者，但他们的主张却不是统一的。

康德是一个二元论者和不可知论者，他为了调和唯理主义和经验主义，提出了自己的批判哲学。费希特则持有一种主观唯心主义（后期也被认为倾向于客观唯心主义），谢林和黑格尔有时候被认为是客观唯心主义者，但事实上他们的意见是非常不同的。直到费尔巴哈以一种唯物主义的观点对黑格尔宏大的形而上学体系提出抨击，从而终结了德国古典哲学。

德国古典哲学具有抽象性和思辨性的特点，同时它也是马克思主义的三个理论来源之一。此外，它提出了包括认识论、本体论、伦理学、美学、法哲学、历史哲学以及政治哲学等领域的各种重大问题和范畴，标志着近代西方哲学向现代西方哲学的过渡。

等价形式

当商品A通过不同种商品B的使用价值表现自己的价值时，它就使商品B取得了一种特殊的价值形式，即等价形式。

第二次工业革命

第二次工业革命，也称第二次科技革命，是指1870年至1914年的工业革命。其中西欧和美国以及1870年后的日本，工业得到飞速发展。第二次工业革命紧跟着18世纪末的第一次工业革命，并且从英国向西欧和北美蔓延。第二次工业革命以电力的大规模应用为代表，以电灯的发明为标志。

第二国际

第二国际，即"社会主义国际"，是一个工人运动的世界组织。1889年7月14日在巴黎召开了第一次大会，通过《劳工法案》及《五一节案》，决定以同盟罢工作为工人斗争的武器。组织后因第一次世界大战爆发而解散，其后伯尔尼国际成立并作为实体运作。第二国际所做出影响最大的动作包括宣布每年的5月1日为国际劳动节，宣布每年的3月8日为国际妇女节，并创始了八小时工作制运动。当今世界最大的政党组织"社会党国际"实际上为其延续，在二战后的1951年成立，成员均为原第二国际成员。

第一国际

第一国际，即国际工人联合会，1864年由英、法、德、意四国工人代表在伦敦开会成立，马克思代表德国工人参加该组织的工作，并逐渐用"科学社会主义"理论作为组织指导思想。由于会名太长，有时人们取它的第一个单词"International"代指，简称为"国际"，历史上即称为"第一国际"。1871年，第一国际法国支部参加并领导了巴黎公社运动。但是随着巴黎公社的失败，第一国际也日渐衰弱，1876年正式宣布解散。

法国1789年的资产阶级大革命

法国大革命，又称法国1789年的资产阶级大革命，是1789年在法国爆发的资产阶级革命，法国的政治体制在大革命期间发生了史诗性的转变：统治法国多个世纪的绝对君主制与封建制度在三年内土崩瓦解，过去的封建贵族和宗教特权不断受到自由主义政治组织和平民的冲击，传统观念逐渐被全新的天赋人权、三权分立等民主思想代替。

法国大革命始于1789年5月的三级会议。革命的头一年，第三等级的革命民众在6月发表了《网球场宣言》，7月攻占了巴士底狱，8月凡尔赛妇女运动迫使法国王室在10月返回巴黎。之后几年不断出现自由集会和保守的君主制度改革。1792年9月22日，法兰西第一共和国成立，路易十六在次年被推上了断头台。不断出现的外部压力实际上在法国革命中起到了主导作用，法国革命战争从1792年开始，取得了一个世纪以来法国未曾取得的胜利，并使法国间接控制了意大利半岛和莱茵河以西的领土。在国内，派系斗争及民众情绪的日益高涨导致了1793年至1794年恐怖统治的产生。罗伯斯庇尔和雅各宾派倒台以后，督政府于1795年掌权，直到1799年拿破仑上台后结束。

关于法国大革命的结束时间尚存争议，正统观点认为1799年的雾月政变为革命终结的标志；另有观点认为1794年7月雅各宾派统治的结束为革命的终结；还有观点认为1830年七月王朝建立是革命终结的标志。

现代社会在法国革命中拉开帷幕，共和国的成长、自由民主思想的传播、现代思想的发展以及国家之间大规模战争的出现都是此次革命的标志性产物。在作为近代一场伟大的民主革命而受到赞扬的同时，法国大革命也因其间所出现的一些暴力专政行为而为人诟病。革命随后导致了拿破仑战争、两次君主制复辟以及两次法国革命。接下来直至1870年，法国在两次共和国政府、君主立宪制政府及帝国政府下交替管治。

历史学家、《旧制度与大革命》的作者托克维尔则认为，1789年法国革命是迄今为止最伟大、最激烈的革命，代表法国的

"青春、热情、自豪、慷慨、真诚的年代"。

封建主义

封建主义包括三个方面：一是指封建专制制度，包括政治、经济制度在内的整个社会制度；二是指意识形态；三是指以封建主义思想为指导，为建立或复辟封建专制制度而进行的活动。三者之间相互联系又相互区别，不能等同和混淆。也可以说，封建主义在经济上代表的是地方保护主义和部门主义；在政治上代表的是专制主义和宗法制度；在思想上代表的是纲常伦理、宗法意识和社会生活中的各种落后、愚昧现象、迷信思想和活动。包括制度、活动、思想三方面含义的封建主义，才能称之为完整意义上的封建主义。

概念

概念也称观念，是抽象的、普遍的想法、观念或充当指明实体、事件或关系的范畴和类的实体。在它们的外延中忽略事物的差异，如同它们是同一地去处理它们，所以概念是抽象的。它们等同地适用于在它们外延中的所有事物，所以它们是普遍的。

概念是意义的载体，而不是意义的主动者。一个单一的概念可以用任何数目的语言来表达；术语则是概念的表达形式。概念在一定意义上独立于语言的事实使得翻译成为可能——在各种语言中词有同一的意义，因为它们表达了相同的概念。概念是人类对一个复杂的过程或事物的理解。从哲学的观念来说，概念是思维的基本单位。

工业革命

工业革命，又称产业革命，是指资本主义工业化的早期历程，即资本主义生产完成了从工场手工业向机器大工业过渡的阶段。工业革命是以机器取代人力，以大规模工厂化生产取代个体工场手工生产的一场生产与科技革命。由于机器的发明及运用成为了这个时代的标志，因此，历史学家称这个时代为"机器时代"。

有人认为工业革命在1759年左右已经开始，但直到1830年，它还没有真正蓬勃地展开。大多数观点认为，工业革命发源于英格兰中部地区。1769年，英国人瓦特改良蒸汽机之后，由一系列技术革命引起了从手工劳动向动力机器生产转变的重大飞跃。随后自英格兰扩散到整个欧洲大陆，19世纪传播到北美地区。一般认为，蒸汽机、煤、铁和钢是促成工业革命技术加速发展的四项主要因素。在瓦特改良蒸汽机之前，整个生产所需动力依靠人力和畜力。伴随蒸汽机的发明和改进，工厂不再依河或溪流而建，很多以前依赖人力与手工完成的工作自蒸汽机发明后被机械化生产取代。

工业革命是一般的政治革命不可比拟的巨大变革，其影响涉及人类社会生活的各个方面，使人类社会发生了巨大的变革，对人类的现代化进程的推动起到了不可替代的作用，把人类推向了崭新的蒸汽时代。

共产国际

共产国际，亦称"第三国际"，1919年3月2日至6日在列宁的领导下，在莫斯科召开了共产国际第一次代表大会。参加大会的有来自欧、亚、美洲21个国家的35个政党和团体的代表52人，通过了列宁起草的《共产国际宣言》、《共产国际行动纲领》等文件，宣告了共产国际的成立。共产国际在其存在的24年中，共召开过7次代表大会和13次执行委员会全会。共产国际在列宁领导期间，成绩比较显著。1924年1月，列宁去世后，共产国际出现了一些错误。总的来说，共产国际在宣传马克思列宁主义，团结各国无产阶级和被压迫民族，领导和推动无产阶级革命运动，促进亚非拉民族解放运动，反对帝国主义和法西斯主义，促进各国共产党的成长等方面起了重大的作用。

共产主义

共产主义是一种政治思想，主张消灭私有产权，并建立一个各尽所能、按需分配的生产资料公有制（进行集体生产）社会，而且是一个没有阶级制度、国家和政府的社会。在这一体系下，土地和资本财产为公共所有。其主张劳动的差别并不会导致占有和消费的任何不平等，并反对任何特权。在科学共产主义（马克思主义及其各流派）的理论中，它在发展上分两个阶段，初级阶段是社会主义，高级阶段是共产主义。通常所说的共产主义，指共产主义的高级阶段。

按照马克思主义理论（历史唯物主义），资本主义必将为共产主义所取代，这是不以人们的意志为转移的社会发展的历史规律。因随着工业革命后各种机械自动化生产所带来的高生产力，长期而言经济生产所需的人力将愈来愈少，在私有财产制度下绝大多数人将会失业，因此，社会若想继续和平发展就必须进入共产主义，将愈来愈少的工作量分配给各个工作的人，除了为兴趣而自愿长期工作的人之外，基本上多数人可减少许多工作时间就能维持日常生活。共产主义思想在实行上，需要人人有高度发达的集体主义精神，而这就要求社会生产力达到充分的发展和极度的发达。

共产主义社会

共产主义社会是一种社会形态，它是在生产资料公有制的条件下，在高度发达的社会生产力的基础上所实行的一种各尽其职、按需分配的劳动者自由联合的社会经济形态。

后马克思主义

后马克思主义的概念自20世纪80年代以来就以一种不太准确和规范的方式被使用着，它并非描述一个学派，而是描述一个趋向。后马克思主义倡导一种偶然的话语逻辑，它主张把意识形态和经济及阶级要素完全剥离开来，然而，对于后马克思主义自身的"发生学"分析，后马克思主义的话语理论却无能为力。后马克思主义不论作为一种思想倾向，还是作为一种确定的理论立场，它的生成、确立和盛行都不是脱离社会文化环境的纯粹话语运作的结果，就像后马克思主义本身不能够完全拒斥马克思主义一样，对后马克思主义社会和思想根源的理论透视也离不开马克思主义的分析方式。后马克思主义之所以在20世纪70年代末至80年代中期孕育成形，有着它特定的社会的、政治的、阶级的、思想的以及学理上的源流。

汇率

汇率，亦称外汇行市或汇价，是一国货币兑换另一国货币的比率，是以一种货币表示另一种货币的价格。由于世界各国货币的名称不同，币值不一，所以一国货币对其他国家的货币要规定一个兑换率，即汇率。从短期来看，一国的汇率由对该国货币兑换外币的需求和供给所决定。外国人购买本国商品、在本国投资以及利用本国货币进行投机会影响本国货币的需求。本国居民想购买外国产品、向外国投资以及外汇投机会影响本国货币供给。在经济学上，汇率定义为两国货币之间兑换的比例。通常会将某一国的货币设为基准，以此换算他国等金额价值的货币。

汇率的特性在于它多半是浮动的比率。只要货币能够透过汇率自由交换，依交换量的多寡，就会影响隔天的汇率，因此，有人也以赚汇差营利，今日以较低的比率购进某一外币，隔日等到较高的比率出现时，再转手卖出，所以有时汇率也能看出一个国家的经济状况。此外，外汇储备也能看出这个国家的出口贸易状况。

货币

货币是用作交易媒介、储藏价值和记账单位的一种工具，是专门在物资与服务交换中充当等价物的特殊商品。既包括流通货币，尤其是合法的通货，也包括各种储蓄存款。在现代经济领域，货币的领域只有很小的部分以实体通货方式显示，即实际应用的纸币或硬币，大部分交易都使用支票或电子货币。货币区是指流通并使用某一种单一的货币的国家或地区。不同的货币区之间在互相兑换货币时，需要引入汇率的概念。

机会主义

机会主义，也称投机主义，指为了达到自己的目标不择手段的做法，突出的表现是不按规则办事，视规则为腐儒之论，其最高追求是实现自己的目标，以结果来衡量一切，而不重视过程。如果它有原则的话，那么它的最高原则就是成王败寇。机会主义也可指工人运动或无产阶级政党内部出现的违背马克思主义根本原则的思潮、路线。它是资产阶级或小资产阶级思想的反映。机会主义有两种表现形式：一种是右倾机会主义，另一种是"左"倾机会主义。

基督

基督，基利斯督之简称，来自于希腊语，是亚伯拉罕诸教中的术语，原意是"受膏者"（中东地区肤发易干裂，古代的以色列王即位时必须将油倒在国王的头上，滋润肤发，象征这是神用来拯救以色列人的王，后来转变成救世主的意思），也等同于希伯来语中的名词弥赛亚，意思为"被涂了油的"。在基督教、圣经当中基督是"拿撒勒"主耶稣的专有名字，即"主耶稣基督"。

基督教

基督教是一种以新旧约全书为圣经，信仰神和天国的宗教，发源于中东地区。在人类发展史中，基督教扮演着非常重要的角色，中世纪到文艺复兴尤甚。基督徒是相信耶稣为神（天主或称上帝）的圣子、人类的救主（弥赛亚，即基督）的一神论宗教。基督教与伊斯兰教、佛教并列为当今三大世界性宗教。基督教主要有天主教（又称公教会）、希腊正教（又称正教会、东正教）、基督新教（华人俗称基督教）三大派别，以及其他许多规模较小的派别。基督教虽然发源于中东地区，但后来由于阿拉伯帝国和奥斯曼土耳其帝国的兴起、扩张和持续打压，基督教的传播中心逐渐转移至欧洲，并在欧洲发扬光大，并由此传播至远东、美洲、非洲、大洋洲等地。中文语汇的"基督教"一词时常是专指基督新教，这是中文目前的特有现象。基督教徒约有17亿7千万人。天主教徒占其中的52.89%（约10亿人），基督新教占其中的17.63%（约3亿人），而东正教则占其中的10.64%（约2亿人）。

级差地租

级差地租是一个相对于绝对地租的概念，它是指租佃较好土地的农业资本家向大土地所有者缴纳的超额利润。这个超额利润是由优等地和中等地农产品的个别生产价格低于按劣等地个别生产价格决定的社会生产价格的差额决定的。

价值

价值，泛指客体对于主体表现出来的积极意义和有用性。可视为是能够公正且适当反映商品、服务或金钱等值的总额。在经济学中，价值是商品的一个重要性质，它代表该商品在交换中能够交换得到其他商品的多少，价值通常通过货币来衡量，称为价格。这种观点中的价值，其实是交换价值的表现。

根据新古典主义经济学（目前比较流行的一种经济学理论），物体的价值就是该物体在一个开放和竞争的交易市场中的价格，因此，价值主要取决于对于该物体的需求，而不是供给。有些经济学者经常把价值等同于价格，不论该交易市场竞争与否。而古典经济学则认为价值和价格并不等同。按照马克思主义政治经济学的观点，价值就是凝结在商品中无差别的人类劳动，即商品价值。马克思还将价值分为使用价值（给予商品购买者的价值）和交换价值（使用价值交换的量）。

价值规律

价值规律，亦称"价值法则"，是商品生产和商品交换的基本规律。其主要内容和客观要求是商品的价值量由生产商品的社会必要劳动时间决定，商品按照价值量相等的原则进行交换。在以货币为媒介的商品交换中，要求价格符合于价值。

价值量

商品的价值量是商品价值的大小，通常是单位价值量。商品的价值量不是由各个商品生产者所耗费的个别劳动时间决定的，而是由社会必要劳动时间决定的。商品是劳动产品，商品的价值是由劳动形成的，因而它的价值量要由生产商品所耗费的劳动时间来衡量。在其他条件不变的情况下，商品的价值量越大，价格越高；商品的价值量越小，价格越低。若其他因素不变，单位商品的价值量与生产该商品的社会劳动生产率成反比。价值决定价格，价格是价值的货币表现，价值是价格的基础。

交换价值

交换价值指的是当一种产品在进行交换时，能换取到其他产品的价值。交换价值在马克思的学说中，是物品借着一种明确的经济关系才能够产生出的价值，也就是说，经济关系乃是交换价值的背景。交换价值只有在一个产品进行交换时，特别是产品作为商品在经济关系中出售及购买时，才具有意义。交换价值的根本属性是产品的使用价值，但是交换价值在商品交易中根据双方需求会发生较大的波动。例如，1升水在平时和旱季，其使用价值是一样的，但是交换价值的变化却很大。

经济危机

经济危机指的是一个或多个国家经济或整个世界经济在一段比较长的时间内不断收缩（即产生负的经济增长率）。

绝对地租

绝对地租是资本主义地租的一种形式。在资本主义制度下，由于土地为地主所私有，因此不论租种上等地或者租种土质最坏的地，地主都要收取地租。这种由于土地私有制的存在，不论租种好地坏地都绝对必须交纳的地租，马克思把它叫作绝对地租。

绝对剩余价值

绝对剩余价值指在必要劳动时间不变的条件下，通过绝对延长工作日，从而绝对延长剩余劳动时间生产出来的剩余价值。

科学社会主义

科学社会主义是与空想社会主义相对而言的、关于社会主义的科学的理论体系、理论模型与实践模式。科学社会主义是人类一切文明成果的结晶。马克思、恩格斯运用辩证唯物主义的逻辑思维形式，在批判历代空想社会主义的基础上，以历史唯物主义的观点揭示和发现了人类社会发展的规律及当代资本主义经济运动的规律——剩余价值规律。马克思的这两个规律的发现使社会主义从空想变成了科学。科学社会主义是关于无产阶级解放斗争发展规律的科学，是一门政治科学，或者说是一门政治学。

可知论

可知论认为世界是可以为人所认识的，世界上只有尚未被认识的事物，不存在不能认识的事物。一切的唯物主义者都是可知论者，他们坚持物质第一性，意识第二性；彻底的唯心主义者也是可知论者，但他们坚持意识第一性，物质第二性。

空想社会主义

空想社会主义又称乌托邦社会主义，是产生于资本主义生产状况和阶级状况尚未成熟时期的一种社会主义学说，是现代社会主义思想来源之一。空想社会主义者相信在不久的将来可以建立理想的意识形态社会，并为之不懈努力奋斗。这种学说最早见于16世纪托马斯·莫尔的《乌托邦》一书，盛行于19世纪初期的西欧。空想社会主义者认为社会主义的理想社会应该建筑在人类的理性和正义的基础上，而这种社会至今还未出现，是由于人们不认识和不承认的缘故。他们觉得只要有天才掌握了这种思想，并推广开去，就能实现他们心中的理想社会。空想社会主义者反对资本主义，并认为资本主义的剥削制度是由于人类在道德和法律上犯了错误，背弃了人类的本性而产生的。

劳动对象

劳动对象指劳动本身所对应的客体，比如耕作的土地、纺织的棉花等。包括两大类：一是自然界的物质，即未经人类加工过的自然物，如矿藏；一是人类劳动加工过的，用作原材料的产品，如棉花、钢铁等。

劳动力

劳动力，即人的劳动能力，指蕴藏在人体中的脑力和体力的总和。物质资料生产过程是劳动力作用于生产资料的过程。离开劳动力，生产资料本身是不可能创造任何东西的。但是，在物质资料生产过程中，劳动力发挥作用，除了必须具备一定的生产经验和劳动技能或科学文化知识外，还必须具备一定量的生产资料，否则，物质资料生产过程也是不能进行的。劳动者在生产过程中运用自己的劳动力和生产工具，作用于劳动对象，既可以创造出物质财富，也可以不断提高自己的劳动技能。

里昂工人起义

里昂工人起义是指1831年和1834年法国里昂工人反对资本主义剥削压迫的两次武装起义，里昂工人起义推动了法国工人运动的发展，是法国无产阶级作为独立的政治力量登上历史舞台的重要标志之一。与"巴黎公社"、"英国宪章运动"并称"三大工人运动"。

历史唯物主义

历史唯物主义是马克思主义哲学的重要组成部分，也被称为"唯物主义历史理论"或"唯物史观"。历史唯物主义为马克思和恩格斯所创立，以黑格尔的辩证法，结合费尔巴哈的唯物论，去解释人类历史演变的过程，并被列宁、毛泽东等人所发展，被认为是马克思主义的社会历史观和认识、改造社会的一般方法论。因其主要关注的是对历史规律的阐明，因而历史唯物主义可以归入历史哲学，具体地说是一种思辨的历史哲学。

历史唯物主义认为历史发展是客观的和有其特定规律的，其最基本的规律就是生产力决定生产关系，生产关系对生产力有反作用（可能促进或阻碍）。伴随着生产力的发展，人类社会会历经原始社会、奴隶社会、封建社会、资本主义社会、社会主义社会，最终走向共产主义社会。

马克思主义

马克思主义是马克思、恩格斯在19世纪工人运动实践基础上创立的理论体系。马克思主义主要以唯物主义角度编写而成。马克思主义理论体系包括三部分，即马克思主义哲学、马克思主义政治经济学、科学社会主义，分别是马克思、恩格斯受德国古典哲学、英国古典政治经济学、法国空想社会主义影响，并在此基础上创立的。马克思主义作为内涵丰富、外延无限的一整套严密的思想体系，我们可以从不同方面对其进行不同的定义。马克思主义从它的创造者、继承人的认识成果上讲，可以定义为：马克思主义是马克思、恩格斯创建的马克思主义者不断加以丰富发展的观点和学说的体系；从它的阶级属性讲，可以定义为：马克思主义是关于无产阶级和人类解放的科学，尤其是关于无产阶级斗争的性质、目的和条件的学说；从它的研究对象讲，可以定义为：马克思主义是一个内容极其丰富的、宏伟的、科学的理论体系，是关于自然、社会和思维发展普遍规律的学说，特别是关于资本主义发展和转变为社会主义，以及社会主义和共产主义发展普遍规律的学说。

马克思主义哲学

马克思主义哲学是关于自然、社会和思维发展的一般规律的科学，是唯物论和辩证法的统一，是唯物论自然观和历史观的统一。它是在继承和发展了德国的古典哲学，英国的古典政治经济学，英国、法国的空想社会主义下形成的马克思主义的三个组成部分之一。马克思主义哲学的主要理论来源是辩证法和唯物论，辩证唯物主义和历史唯物主义是马克思主义哲学的两大组成部分，实践概念是它的基础。

马克思主义政治经济学

马克思主义政治经济学，是马克思主义的重要组成部分。它既是我们从理论高度认识和研究资本主义的经济科学，也是我们进行社会主义经济建设和改革开放的理论指导。马克思主义政治经济学，首先包括马克思创建的政治经济学的基本原理和方法，也包括后来由列宁、毛泽东、邓小平和党中央发展了的经济思想与理论，还包括经济学界以马克思主义为指导研究当代资本主义和社会主义所取得的有关成果。马克思主义政治经济学的基本观点主要包括在马克思的重要著作《资本论》中，在《资本论》中，马克思研究了资本主义经济学的理论和英国历年的经济统计资料，对资本主义经济学理论进行了分析和批判。

矛盾

矛盾出自《韩非子》中《难一》所述故事，一般指在两个或更多陈述、想法和行动之间的不一致。在马克思主义哲学概念中，事物自身包含的既对立又统一的关系叫作矛盾。简言之，矛盾就是对立统一。所谓对立，是指矛盾双方相互排斥、互相斗争。所谓统一是指如下两种情形：第一，矛盾双方在一定条件下相互依存，一方的存在以另一方的存在为前提，双方共处于一个统一体中。第二，矛盾着的双方，依据一定的条件，各向自己相反的方向转化。它们中的一方对另一方的否定，以及在旧矛盾向新矛盾的转化中对旧矛盾的否定，都不是单纯的否定，而是辩证的否定，即否定之中有肯定，肯定之中有否定。

判断

判断是肯定或否定某种事物的存在，或指明某一对象是否具有某种属性，和事物情况之间的关系的思维过程。在形式逻辑上，判断常用一个命题表达出来。

七月革命

七月革命，即法国七月革命，是1830年欧洲的革命浪潮的序曲，因为波旁王室的专制统治令经历过法国大革命的法国人民难以忍受，以致法国人群起反抗当时法国国王查理十世的统治。此次革命的成功是维也纳会议后首次在欧洲成功的革命运动，革命鼓励了1830年及1831年欧洲各地的革命运动，表明维也纳会议后，由奥地利帝国首相梅特涅组织的保守力量未能抑制法国大革命后日益上扬的民族主义及自由主义浪潮。

青年黑格尔派

青年黑格尔派，又称黑格尔左派，是在19世纪30年代黑格尔哲学解体过程中产生的激进派，知名成员有布鲁诺·鲍威尔、大卫·施特劳斯、麦克斯·施蒂纳、费尔巴哈等。活动中心在柏林，马克思和恩格斯也曾参加过青年黑格尔派的活动。

让渡

让渡，就是权利人将自己有形物、无形的权利，或者是有价证券的收益权等通过一定的方式，全部或部分地以有偿或者无偿的方式转让给他人所有或者占有，或让他人行使相应权利。在商品经济中，买进卖出就是一种非常普遍的有偿让渡形式；而对别人或相关地区的捐赠，就是一种无偿的让渡。

人文主义

人文主义是在文艺复兴时期新兴资产阶级反封建反教会斗争中形成的思想体系、世界观或思想武器，也是这一时期资产阶级进步文学的中心思想。它主张一切以人为本，反对神的权威，把人从中世纪的神学枷锁下解放出来。人文主义宣扬个性解放，追求现实人生幸福；追求自由平等，反对等级观念；崇尚理性，反对蒙昧。

商品

商品是一种用于满足购买者欲望和需求的产品。狭义概念中的商品是一种有形的物质产品，区别于无形的服务。就其本身而论，商品能以有形的方式交付给购买者，并且它的所有权也一并由销售者转移给了顾客。例如，苹果是有形的商品，相对而言，理发则是一种无形的服务。

商品拜物教

在马克思主义理论中，商品拜物教是资本主义市场社会中的社会关系的一种形态，其中社会关系体现为一种基于商品或货币的客体关系，主要表现为劳动商品化和异化。"商品拜物教"一词由马克思在《资本论》第一卷（1867年）中首创。马克思之所以用拜物教一词，可以解释为对工业社会"理性"、"科学"心态的嘲讽。在马克思的时代，这个词主要是用来形容原始宗教。商品拜物教意味着如此的原始信仰体系其实还留在现代社会的核心。依他的见解，商品拜物教是私有制在资本主义的社会关系中造成的幻影，它在资本主义社会的主流意识形态中占据中心地位。

社会必要劳动时间

社会必要劳动时间是与"个别劳动时间"相对而言的，指在现有的社会正常的生产条件下，在社会平均的劳动熟练程度和劳动强度下制造某种使用价值所需要的劳动时间。这里的"现有的社会正常的生产条件"是指现时某生产部门的平均生产条件，或大多数商品生产者所具有的生产条件，其中最主要是劳动工具的状况；这里的"平均的劳动熟练程度和劳动强度"是指中等水平或部门的平均劳动熟练程度和劳动强度。如生产一件上衣，各个商品生产者由于设备、技术熟练程度等差别，个别劳动时间从2小时到4小时不等，但一般用3小时的劳动就能生产出来，这3小时就是生产上衣的社会必要劳动时间，它随社会劳动生产率的提高而减少。另外，马克思在分析社会生产各部门之间按比例分配社会总劳动的必要性时，提出另一个意义上的社会必要劳动时间，是指满足社会对某种产品的需要而必须分配到某一部门去的那部分社会劳动时间，如社会需要10万双鞋，每双鞋需平均耗费社会劳动时间1小时，则生产鞋所需的社会必要劳动时间为10万小时。

《社会契约论》

《社会契约论》，又译为《民约论》，或称《政治权利原理》，是法国思想家让·雅克·卢梭于1762年写成的一本书。《社会契约论》中主权在民的思想，是现代民主制度的基石，深刻地影响了废除欧洲君主绝对权力的运动，和18世纪末北美殖民地摆脱英帝国统治、建立民主制度的斗争。美国的《独立宣言》和法国的《人权宣言》及两国的宪法均体现了《社会契约论》的民主思想。

社会主义

社会主义是一套经济体系和政治理论，主张或提倡公共或以整个社会作为整体，来拥有和控制生产资料（产品、资本、土地、资产等），其管理和分配基于公众利益。其提倡由集体或政府拥有与管理生产工具，分配物资。社会主义分为了诸多流派，从建立合作经济管理结构到废除等级制度以至于自由联合。作为一项政治运动，社会主义的政治哲学主张从改良主义到革命社主义均有分布。如国家社会主义主张通过推动生产、分配和交换全方位的国有化来实现社会主义；自由社会主义倡导工人传统地控制生产方式，反对国家权力来进行管理；民主社会主义则通过民主化进程来寻求建立社会主义。

现代社会主义理论始于18世纪知识分子与工人阶级发起的批评工业化与私有财产对社会影响的政治运动。早期的空想社会主义者，诸如罗伯特·欧文曾试图建立一个自给自足并脱离资本主义社会的公社；而圣西门则创造了名词socialisme，提倡技术官僚与计划工业的应用。马克思和恩格斯共同设计创造了一个理想的社会制度，通过除去导致不合格与周期性生产过剩的无政府主义和资本主义生产，来允许广泛应用现代科技，从而将经济活动合理化。在19世纪初期，社会主义还只是表明关注社会问题；到了19世纪末期，社会主义已经成为了建立基于社会共有的新体制的推动力，并站到了资本主义的对立面。

社会主义社会

社会主义社会，是一种社会形态，指用马克思主义理论指导，重视社会福利，采用财产公有制的，通常是共产主义政党专政、工人阶级领导的社会。按照马克思主义理论，社会主义社会是资本主义社会向共产主义社会的过渡性社会形态。

生产关系

生产关系是指在物质生产过程中形成的人们之间的社会关系，它集中体现了人们之间的物质利益关系。生产关系的内容包括人们在一定的生产资料所有制基础上形成的、在社会生产总过程中发生的生产、分配、交换和消费的关系。

生产力

生产力，又称"社会生产力"，是人们征服自然、改造自然、获得物质资料的能力。生产力和生产关系是社会生产不可分割的两个方面。生产力包括劳动者、劳动资料和劳动对象三大要素。

生产资料

生产资料，也称作生产手段，是马克思主义理论家认定的生产力三要素之一。生产资料主要指劳动者进行生产时所需要使用的资源和工具。一般包括土地、厂房、机器设备、工具、原料，等等。生产资料是生产过程中的劳动资料和劳动对象的总和，它是任何社会进行物质生产所必备的物质条件。

生息资本

生息资本，是为了获取利息而暂时贷放给他人使用的货币资本。

剩余价值

根据马克思主义理论，剩余价值是指从劳动者的劳动价值中剥削出来的利润（劳动价值和工资之间的差异），即"劳动者创造的被资产阶级无偿占有的劳动"。剩余价值概念是马克思主义政治经济学的核心概念，马克思主义政治经济学认为资本主义生产的实质就是剩余价值的生产，剩余价值规律是资本主义的基本经济规律，它决定着资本主义的一切主要方面和矛盾发展的全部过程，决定着资本主义生产的高涨和危机，决定着资本主义的发展和灭亡。

使用价值

使用价值，是一切商品都具有的共同属性之一。任何物品要想成为商品都必须具有可供人类使用的价值；反之，毫无使用价值的物品是不会成为商品的，使用价值是物品的自然属性。马克思主义政治经济学认为，使用价值是由具体劳动创造的，并且具有质的不可比较性。比如，人们不能说橡胶和香蕉哪一个使用价值更高。使用价值是价值的物质基础，和价值一起，构成了商品二重性。

世界观

世界观，也叫宇宙观，是哲学的朴素形态。世界观是人们对整个世界的总的看法和根本观点。由于人们的社会地位不同，观察问题的角度也不同，因而形成不同的世界观。哲学是世界观的理论表现形式。世界观的基本问题是精神和物质、思维和存在的关系问题，根据对这两者关系的不同回答，划分为两种根本对立的世界观基本类型，即唯心主义世界观和唯物主义世界观。

私有制

私有制，也叫所有制，是相对于公有制的经济制度，是在这种制度下进行的生产资料个人或集体的排他性占有。私有制是剥削社会（以奴隶社会、封建社会、资本主义、特权主义和专制社会为代表）的基本标志之一。

推理

推理是根据事物之间的联系，由已有判断推出新判断的一种思维形式。判断组成推理，已有判断叫前提，推出的新判断叫结论，推理就是由前提推出结论的思维过程，是人类思维创造性的体现。

托拉斯

托拉斯，是较高级的垄断组织形式。指由许多生产同类商品或在生产上有密切关系的企业为了垄断某些商品的产销，从而获得高额利润而组成的大型垄断企业。可分为以金融控制为基础的托拉斯和以企业合并为基础的托拉斯。托拉斯在美国最为普遍，其作用覆盖整个采购、生产、销售过程。

唯物主义

唯物主义即唯物论，是一种哲学理论，肯定世界的基本组成为物质，物质形式与过程是我们认识世界的主要途径，持着"只有事实上的物质才是真实存在的实体"这一种观点，并且被认为是物理主义的一种形式。该理论的基础是，所有的实体（和概念）都是物质的一种构成或者表达，并且，所有的现象（包括意识）都是物质相互作用的结果，在意识与物质之间，物质决定了意识，而意识则是客观世界在人脑中的生理反应，也就是有机物出于对物质的反应。因此，物质是唯一事实上存在的实体。作为对现实世界的一种解释，唯物主义是唯心主义和心灵主义的一个对立面。

唯物主义有机械唯物主义和辩证唯物主义的区别，机械唯物主义认为物质世界是由各个个体组成的，如同各种机械零件组成一个大机器，不会变化；辩证唯物主义认为物质世界永远处于运动与变化之中，是互相影响、互相关联的。机械唯物论的代表人物是费尔巴哈，辩证唯物论的代表人物是马克思、恩格斯和列宁。

唯心主义

唯心主义即唯心论，又译作理念论、观念论，是哲学中对思想、心灵、语言及事物等彼此之间关系的讨论及看法。唯心论秉持世界或现实如同精神或意识，都是根本的存在。唯心论直接相对于唯物论，后者认为世界的基本成分为物质，我们对世界的认识主要是通过物质，并将其视为一种物质形式与过程。唯心论同时也反对现实主义的哲学观，后者认为在人类的认知中，我们对物体的理解与感知，与物体独立于我们心灵之外的实际存在是一致的。

马克思主义哲学则认为唯心论是哲学上的两大基本派别之一，是与唯物论对立的理论体系。唯心论在哲学基本问题上主张精神、意识的第一性，物质的第二性，也就是说，唯心论主张物质依赖意识而存在，物质是意识的产物的哲学派别，并认为可以区分为主观唯心论和客观唯心论两种基本类型。

乌托邦

乌托邦，也称理想乡，无何有之乡（源于《庄子》），是一个理想的群体对社会的构想，名字由托马斯·摩尔的《乌托邦》一书中所写的完全理想的共和国"乌托邦"而来。意指理想完美的境界，特别是用于表示法律、政府及社会情况。托马斯·摩尔在书中虚构了一个大西洋上的小岛，小岛上的国家拥有完美的社会、政治和法制体系。这个词用来被描述成一种被称为"意向社群"的理想社会和文学虚构的社会。

无产阶级

根据马克思主义理论，无产阶级一词指不拥有生产资本，单纯靠出卖劳动力获取收入的劳动者。马克思主义理论把无产阶级划分为普通无产阶级和下层无产阶级。在实际使用的含义中，近似地等同于近代以来出现的，主要受雇于资本家，依靠雇佣工资生活的工人群体。在马克思的理论中，无产阶级是被资产阶级通过剥削其生产价值和工资之间的差异（剩余价值）以获得利润的对象，因此，其大多在生存水平线上挣扎，教育相对落后（除非有极佳的社会福利），直到难以生存时，便容易铤而走险，当人数够多时，便会起身革命，尝试推翻现有政府及资本家。在社会主义社会，工人阶级已摆脱了被剥削、被压迫的地位，成为掌握国家政权的领导阶级。

相对价值形式

商品交换的价值关系中同等价形式相对立的一极。处于相对价值形式上的商品，在价值关系中起着主动的作用，是主动地要表现自己价值的商品。

相对剩余价值

把通过缩短必要劳动时间、相应地改变工作日的两个组成部分的量的比例而生产的剩余价值，叫做相对剩余价值。

小资产阶级

小资产阶级，指占有一定的生产资料或有少量财产的私有者，一般指不受他人剥削，也不剥削别人（或仅有轻微剥削），主要靠自己劳动为生的个体劳动者阶级。它在资本主义社会里是非基本的阶级，亦称为中间等级，主要包括农民、小手工业者、小商人、小业主等。作为劳动者，在思想上倾向于无产阶级；作为私有者，又倾向于资产阶级，极易受资产阶级思想的影响。因此，在反对封建主义的斗争中既具有革命性，同时也存在政治上的动摇性、斗争中的软弱性和革命的不彻底性。随着资本主义的发展，他们不断地向两极分化，大部分破产沦落为无产阶级或半无产阶级，小部分发财上升为资产阶级。

辛迪加

辛迪加，原意是"组合"、"联合"，是垄断组织的一种重要形式，属于低级垄断形式。辛迪加指同一生产部门的少数大企业为了获取高额利润，通过签订共同销售产品和采购原料的协定而建立的垄断组织。

形而上（学）

形而上出自《易经·系辞》，原文为"形而上者谓之道，形而下者谓之器"。用现代的思维讲，形而下就是指具体的器物

（可以拓展到感性的事物），形而上就是指比较抽象的规律（包含做人做事的原则）。形而上是精神方面的宏观范畴，用抽象（理性）思维，形而上者道理，起于学，行于理，止于道，故有形而上者谓之道；形而下是物质方面的微观范畴，用具体（感性）思维，形而下者器物，起于教，行于法，止于术，故有形而下者谓之器。

形而上学（metaphysics，意为"物理学之后"）是哲学术语，哲学史上指哲学中探究宇宙根本原理的部分。马克思认为形而上学是指与辩证法对立的，用孤立、静止、片面的观点观察世界的思维方式。黑格尔把形而上学作为与辩证法相对立的一种机械教条的研究方法来批判，因此，形而上学也可以被表述成为教条主义。

修正主义

"修正"一词的含义，来源于拉丁文，有"修改、重新审查"的意思。"修正主义"一词，是在共产主义运动中对马克思主义进行歪曲、篡改、否定的一类资产阶级思潮和政治势力，是国际工人运动中打着马克思主义旗号反对马克思主义的机会主义思潮。

虚拟资本

虚拟资本是独立于现实的资本运动之外、以有价证券的形式存在、能给持有者按期带来一定收入的资本，如股票、公债券、不动产抵押单等。虚拟资本是随着借贷资本的出现而产生的，它在借贷资本的基础上成长，并成为借贷资本的一个特殊的投资领域。

一般等价物

一般等价物是从商品中分离出来的，充当其他一切商品的统一价值表现材料的商品。一般等价物的出现，是商品生产和交换发展的必然结果。历史上，一般等价物曾由一些特殊的商品承担，随着社会的进步，黄金和白银成了最适合执行一般等价物职能的货币。货币是从商品中分离出来固定充当一般等价物的特殊商品。

英国工人宪章运动

宪章运动是1838年到1848年发生在英国的一场普通劳动者要求社会政治改革的群众运动，是世界三大工人运动之一。列宁称之为"世界上第一场大规模的劳动阶级运动"。宪章运动的目的是，工人们要求取得普选权，以便有机会参与国家的管理。"普选权问题是饭碗问题"，工人阶级希望通过政治变革来提高自己的经济地位。

庸俗经济学

庸俗经济学是资产阶级政治经济学的一个发展阶段，产生于

18世纪末，大致结束于19世纪70年代。当时，法国出现一种自由主义思潮，以巴师夏、凯里为首的经济学家认为，世界是让每个自然人独立施展才能的大舞台，而资本主义是最符合人性的舞台设计，因此，它能以最快的速度去积聚财富，马克思称之为庸俗经济学。这种学说不愿意从历史的发展过程中考察资本形成的原因，更不愿意看到资本主义是建筑在绝大多数人陷入相对贫困的基础上的事实。庸俗经济学的主要代表人物有：西尼尔、穆勒、萨伊马尔萨斯等。

哲学

哲学是研究范畴及其相互关系的一门学问。范畴涉及到一门学科的最基本研究对象、概念和内容，哲学具有一般方法论的功能。

资本

资本，在经济学意义上，指的是用于生产的基本生产要素，即资金、厂房、设备、材料等物质资源。在金融学和会计领域，资本通常用来代表金融财富，特别是用于经商、兴办企业的金融资产。广义上，资本也可作为人类创造物质和精神财富的各种社会经济资源的总称。

资本主义

资本主义，也被称为自由市场经济或自由企业经济，其特色是个人或是企业拥有资本财产，且投资活动是由个人决策左右，而非由国家所控制，一般并没有准确之定义，不同的经济学家也对资本主义有不同的定义。一般而言，资本主义指的是一种经济学或经济社会学的制度，在这样的制度下绝大部分的生产资料都归私人所有，并借着雇佣或劳动的手段以生产资料创造利润。在这种制度里，商品和服务借由货币在自由市场里流通。投资的决定由私人进行，生产和销售主要由公司和工商业控制并互相竞争，依照各自的利益采取行动。

资产阶级

资产阶级是指占有社会生产资料并使用雇佣劳动的现代资本家阶级，其本质是以生产资料为手段无偿占有雇佣工人的劳动，是现代社会中的主要剥削阶级。

宗派主义

宗派主义是指党内存在的一种以宗派利益为出发点的思想和行为，是封建宗派思想、资产阶级、小资产阶级思想在组织上的表现。主要表现为：在个人与党的关系上，把个人放在第一位，把党放在第二位，向党闹独立性；在组织上，任人唯亲，在同志中拉拉扯扯，把资产阶级的庸俗作风搬进党里来；在党内关系上，只强调局部利益，只要民主，不要集中，不遵守个人服从组织、少数服从多数、下级服从上级、全党服从中央的民主集中制原则，进行无原则的派别斗争；在和党外人士的关系上，妄自尊大，骄傲自满，不尊重人家，不学习人家的长处，不愿和人家合作等。

德菲尔神庙

德菲尔城阿波罗神庙始建于前7世纪，在古希腊时代被认为是世界的中心也是古希腊的宗教中心和统一的象征。神庙区还有露天剧场和圣路，圣路两旁有希腊各邦为供奉诸神而兴建的礼物库、祭坛、纪念碑、柱廊等。德尔斐考古遗址（阿波罗神庙）为希腊古典时期宗教遗址，1987年被列入世界遗产名录。遗址位于雅典西北方帕尔纳索斯山麓，因居于该地的德尔斐族人而得名。遗址系阿波罗神庙所在地，以该庙的女祭司皮提亚宣示的神谕著称。

海格特公墓

英国伦敦的公墓，位于英国伦敦北郊的海格特地区，分东西两个部分。西海格特公墓于1839年成立，包括两个都铎风格的教堂，一个古埃及风格的大道和大门（仿造古埃及著名的国王谷建筑），还有哥特风格的墓穴；东海格特公墓于1854年成立，两年后东部也投入运营。马克思及其家人的墓就在于此，公墓还埋葬着英国物理学家和化学家法拉第、小说家乔治·艾略特。

爱德华·伯恩施坦

　　爱德华·伯恩施坦（1850—1932），是德国社会民主党的著名活动家，他一生的理论和政治活动经历了不同阶段：小资产阶级激进民主主义者，马克思主义者，修正主义者。从1881年初担任党机关报《社会民主党人报》编辑到1895年恩格斯逝世，这15年是伯恩施坦的黄金时代。他是作为一位杜林主义者加入德国社会民主党的，以拉萨尔主义和杜林主义的眼光来看待马克思和马克思主义。在此期间，他在恩格斯的直接关怀和指导下，对于传播马克思主义、反对党内机会主义、揭露和批判统治阶级的反动政策等方面，对党内的建设做出了重大贡献，因此，他在党内和国际工人运动中赢得了很高的声誉。列宁也曾说，伯恩施坦当时是一个"革命的社会民主党人"。1895年8月恩格斯逝世后，伯恩施坦"修正"马克思主义基本原理的倾向开始公开显露出来。1896年至1898年，他在《新时代》上以《社会主义问题》为总题目发表的一组文章，成为他对马克思主义"传统解释"的最初"批判"，成为这一时期对马克思主义公开责难的代表，开启了德国社会民主党内关于什么是马克思主义、如何发展马克思主义的大争论。

爱尔维修

克洛德·阿德里安·爱尔维修（1715—1771），是18世纪法国唯物主义哲学家，法国启蒙思想家。他出生在巴黎一个宫廷医生的家庭，毕业于耶稣会办的专科学校，曾任总报税官。他考察了第三等级的贫困生活和封建贵族的糜烂生活，因而痛恨封建制度。后来，他辞去官职，专心著述，并和思想家狄德罗、霍尔巴赫等人参加了《百科全书》的编辑工作，对封建制度及教会进行了无情的揭露和批判。他的主要著作包括《论精神》和《论人的理智能力和教育》。

奥格斯特·倍倍尔

奥格斯特·倍倍尔（1840—1913），德国社会民主党的主要领导人之一，德国和国际工人运动活动家。1840年2月22日生于普鲁士，1913年8月13日卒于瑞士格尔桑斯。1865年8月结识李卜克内西，在其帮助下成长为社会主义者。1866年同李卜克内西创建萨克森人民党，加入第一国际。次年当选为德国工人协会联合会主席，并促使该会于1868年参加第一国际。1867年当选北德意志联邦议会议员，成为议会中第一个工人代表，坚决反对俾斯麦的"铁血政策"，主张通过自下而上的革命统一德意志。他和李卜克内西于1869年8月共同创建德国社会民主工党（爱森纳赫派），并制定了党纲。

柏拉图

柏拉图（约前427—前347），古希腊伟大的哲学家，也是全部西方哲学乃至整个西方文化最伟大的哲学家和思想家之一。他和老师苏格拉底、学生亚里士多德并称为古希腊三大哲学家。柏拉图出身于雅典贵族家庭，青年时师从苏格拉底。苏格拉底死后，他游历四方，曾到埃及、北非、小亚细亚沿岸和意大利南部从事政治活动，企图实现他的贵族政治理想。公元前387年活动失败后，游历12年的柏拉图逃回雅典，在一所称为阿卡德米的体育馆附近建立了一所学园，此后执教40年，直至逝世。他一生著述颇丰，其教学思想主要集中在《理想国》和《法律篇》中。柏拉图是西方客观唯心主义的创始人，其哲学体系博大精深，对其教学思想影响尤甚。柏拉图认为世界由"理念世界"和"现象世界"所组成。理念的世界是真实的存在，永恒不变，而人类感官所接触到的这个现实的世界，只不过是理念世界的微弱的影子，它由现象所组成，而每种现象是因时空等因素而表现出暂时变动等特征。由此出发，柏拉图提出了一种理念论和回忆说的认识论，并将它作为其教学理论的哲学基础。

保尔·拉法格

保尔·拉法格（1842—1911），法国杰出的马克思主义理论家，法国工人党和第二国际创建人之一。拉法格反对新康德主义和哲学上的修正主义，捍卫和宣传辩证唯物主义和历史唯物主义，拉法格还批判了饶勒斯的修正主义哲学观点。

布鲁诺·鲍威尔

布鲁诺·鲍威尔（1809—1882），德国哲学家，青年黑格尔派代表之一。柏林大学毕业，曾在柏林大学、波恩大学任教，因发表《同观福音作者的福音史批判》而遭解聘，从此退隐。否认福音故事的可靠性以及耶稣其人的存在。将黑格尔的自我意识解释为同自然相脱离的绝对实在，并用它来代替黑格尔的"绝对观念"，宣称"自我意识"是最强大的历史创造力，马克思和恩格斯在《神圣家族》一书中对此予以严厉批判。主要著作还有《福音的批判及福音起源史》、《斐洛、施特劳斯、勒男与原始基督教》等。

查尔斯·泰勒

查尔斯·泰勒，1948年出生于利比里亚首都蒙罗维亚郊区，他是著名的政治人物，曾于1997年至2003年间任第二十二任利比里亚总统。他是美国黑人后裔，年轻时曾在美国波士顿当机修工，后进入马萨诸塞洲本特雷学院就读，1977年获经济学学士学位，毕业后回到利比里亚。在20世纪90年代初的利比里亚内战时，他是非洲最知名的军阀之一，内战结束后他被选为总统。2003年7月以美国为首的一些国家强烈要求泰勒下台，不久后他流亡尼日利亚，为利比里亚结束长达14年的内战和举行大选铺平了道路。后来，他被联合国塞拉利昂特别法庭以战争罪、反人类罪和违反国际人道法等17项罪名指控，2012年5月30日他被裁定谋杀、强奸及强迫儿童当兵等11项罪名成立，被海牙法庭判处入狱50年。

但丁

但丁·阿利吉耶里（1265—1321），意大利中世纪诗人，现代意大利语的奠基者，欧洲文艺复兴时代的开拓人物，以史诗《神曲》留名后世。但丁被认为是意大利最伟大的诗人，也是西方最杰出的诗人之一，全世界最伟大的作家之一。恩格斯评价说："封建的中世纪的终结和现代资本主义纪元的开端，是以一位大人物为标志的，这位人物就是意大利人但丁，他是中世纪的最后一位诗人，同时又是新时代的最初一位诗人。"

德谟克利特

德谟克利特（约公元前460—公元前370或公元前356），来自古希腊爱琴海北部海岸的自然派哲学家。德谟克利特是经验的自然科学家和第一个百科全书式的学者，古代唯物思想的重要代表。他是"原子论"的创始者，由原子论入手，他建立了认识论，并在哲学、逻辑学、物理、数学、天文、动植物、医学、心理学、伦理学、教育学、修辞学、军事、艺术等方面，都有所建树。可惜他的大多数著作都散失了，至今只能看到若干残篇断简，这对理解他的思想造成了一定的困难。

德谟克利特的自然科学虽然也有类似实验解剖这样的科学结论，但是他在哲学上的大部分见解都与经验直接相关。他的原子论是受着水汽蒸发以及香味传递等感性直观，依赖哲学思维推测出来的，通过感官的参与，即经验，直接推测了原子论的可能，并由原子论进一步影响认识论等。说他是自然科学家，主要是缘于他对于自然科学起到的奠基作用，但是在哲学领域，他是个彻头彻尾的经验论者，在他那个年代的哲学家鲜有严谨依赖科学思维得出哲学结论的人，这是可想而知的。

笛卡尔

勒内·笛卡尔（1596—1650），生于法国，逝世于瑞典斯德哥尔摩，是法国著名的哲学家、数学家、物理学家。他对现代数学的发展作出了重要的贡献，因将几何坐标体系公式化而被认为是解析几何之父。他还是西方现代哲学思想的奠基人，是近代唯物论的开拓者，并且提出了"普遍怀疑"的主张。他的哲学思想深深影响了之后的几代欧洲人，开拓了所谓的"欧陆理性主义"哲学。黑格尔称他为"现代哲学之父"。笛卡尔堪称17世纪欧洲哲学界和科学界最有影响的巨匠之一，被誉为"近代科学的始祖"。

恩格斯

弗里德里希·冯·恩格斯（1820—1895），德国思想家、哲学家、革命家，全世界无产阶级和劳动人民的伟大导师，马克思主义的创始人之一。恩格斯是卡尔·马克思的挚友，被誉为"第二提琴手"，他为马克思从事学术研究提供了大量经济上的支持。在马克思逝世后，将马克思的大量手稿、遗著整理出版，并且成为国际工人运动众望所归的领袖。

费尔巴哈

路德维希·安德列斯·费尔巴哈（1804—1872），德国哲学家。出生于拜恩州（巴伐利亚）下拜恩区的首府兰茨胡特，死于同一州的纽伦堡，他是德国法学家保罗·约翰·安塞姆里特·冯·费尔巴哈的第四个儿子。费尔巴哈对基督教的批判在社会上产生了很大影响，他的某些观点在德国教会和政府的斗争中被一些极端主义者接受。他对卡尔·马克思的影响也很大，虽然马克思并不赞同他观点中的机械论，马克思曾写过《费尔巴哈提纲》，批判他形而上学的唯物主义观点。费尔巴哈的主要著作有《黑格尔哲学批判》和《基督教的本质》等。

费希特

约翰·戈特利布·费希特（1762—1814），德国哲学家。尽管他是自康德的著作发展开来的德国唯心主义哲学的主要奠基人之一，但他在西方哲学史上的重要性往往被轻视了。费希特往往被认为是连接康德和黑格尔两人哲学间的过渡人物。近些年来，由于学者们注意到他对自我意识的深刻理解而重新认识到他的地位。和在他之前的笛卡尔和康德一样，对于主观性和意识的问题激发了他的许多哲学思考。费希特的一些观点也涉及了政治哲学，因此，他被一些人认为是德国国家主义之父。

弗洛伊德

西格蒙德·弗洛伊德（1856—1939），犹太人，奥地利精神病医生及精神分析学家，精神分析学派的创始人，此学派被称为"维也纳第一精神分析学派"，以区别于后来由此演变出的第二及第三学派。著有《性学三论》、《梦的解析》、《图腾与禁忌》、《日常生活的心理病理学》、《精神分析引论》、《精神分析引论新编》等。提出"潜意识"、"自我"、"本我"、"超我"、"俄狄浦斯情结"、"性冲动"、"心理防卫机制"等概念。其成就对哲学、心理学、美学，甚至社会学、文学等都有深刻的影响，被世人誉为"精神分析之父"。但他的理论诞生至今，却一直饱受争议。

伏尔泰

伏尔泰（1694—1778），原名弗朗索瓦·马利·阿鲁埃，伏尔泰是他的笔名。法国启蒙时代思想家、哲学家、文学家，启蒙运动公认的领袖和导师。伏尔泰是18世纪法国资产阶级启蒙运动的旗手，被誉为"法兰西思想之王"、"法兰西最优秀的诗人"、"欧洲的良心"。他不仅在哲学上有卓越成就，也以捍卫公民自由，特别是信仰自由和司法公正而闻名。尽管在他所处的时代，审查制度十分严厉，伏尔泰仍然公开支持社会改革。他的论说以讽刺见长，常常抨击天主教教会的教条和当时的法国教育制度。伏尔泰的著作和思想与托马斯·霍布斯及约翰·洛克一道，对美国革命和法国大革命的主要思想家都有影响。

傅立叶

夏尔·傅立叶（1772—1837），法国著名哲学家，经济学家，空想社会主义者。出身于商人家庭的傅立叶批评当时资本主义社会的一些丑恶现象，希望建立一种以法伦斯泰尔为基层组织的社会主义社会，在这里个人利益和集体利益是一致的。他还揭露资本主义的罪恶，主张建立一个社会主义社会，但他幻想通过宣传和教育来实现这一目的。他还强调妇女解放，提出妇女解放的程度是人民是否彻底解放的准绳。

葛兰西

安东尼奥·葛兰西（1891—1937）是意大利共产主义思想

家、意大利共产党创始者和领导人之一。他的文艺理论著作大多写于狱中，战后才得到广泛的传播和研究。他批判资产阶级唯心主义文艺观和克罗齐的"艺术即直觉"的观点，坚持历史唯物主义和无产阶级党性原则，提出创立"民族-人民的文学"的口号，对文学与社会生活，作家与时代、人民，作品的内容与形式的关系，文艺批评的任务，作了精辟的论述；同时对许多古典作家和20世纪重要的文学现象作了分析和论述。葛兰西奠定了意大利马克思主义文艺理论的基础。

哈贝马斯

尤尔根·哈贝马斯，是德国当代最重要的哲学家、社会理论家之一，是批判学派中的法兰克福学派的第二代旗手。他1929年生于杜塞多夫，历任海德堡大学教授、法兰克福大学教授、法兰克福大学社会研究所所长以及德国马普协会生活世界研究所所长。1994年荣休，被公认是"当代最有影响力的思想家"，他同时也是西方马克思主义法兰克福学派第二代的中坚人物。他继承和发展了康德哲学，致力于重建"启蒙"传统，视现代性为"尚未完成之工程"，提出了著名的沟通理性的理论，对后现代主义思潮进行了深刻的对话及有力的批判。他著有《历史唯物主义的重建》、《交往行为理论》等著作。

海德格尔

马丁·海德格尔（1889—1976），德国哲学家，20世纪存在主义哲学的创始人和主要代表之一。出生于德国西南巴登邦弗赖堡附近的梅斯基尔希的天主教家庭，逝于德国梅斯基尔希。他在现象学、存在主义、解构主义、诠释学、后现代主义、政治理论、心理学及神学领域都有举足轻重的影响。此外，他还著有《存在与时间》一书，本书深深影响了20世纪哲学，尤其是存在主义、解释学和解构主义。

黑格尔

格奥尔格·威廉·弗里德里希·黑格尔（1770—1831），德国哲学家，出生于德国西南部巴登-符腾堡州首府斯图加特。18岁时，他进入蒂宾根大学学习，在那里，他与荷尔德林、谢林成为朋友，同时，为斯宾诺莎、康德、卢梭等人的著作和法国大革命深深吸引。许多人认为，黑格尔的思想，象征着19世纪德国唯心主义哲学运动的顶峰，对后世哲学流派，如存在主义和马克思的历史唯物主义都产生了深远的影响。更有甚者，由于黑格尔的政治思想兼具自由主义与保守主义两者之要义，因此，对于那些因看到自由主义在承认个人需求、体现人的基本价值方面的无能为力，而觉得自由主义正面临挑战的人来说，他的哲学无疑是为自由主义提供了一条新的出路。1807年，黑格尔出版了第一部作品

《精神现象学》。《精神现象学》是一段伟大的概念旅程，带领我们从最基本的人类意识概念，走向最包罗万象而复杂的人类意识概念。

霍布斯

托马斯·霍布斯（1588—1679），英国的政治哲学家，创立了机械唯物主义的完整体系，认为宇宙是所有机械地运动着的广延物体的总和。他提出"自然状态"和国家起源说，认为国家是人们为了遵守"自然法"而订立契约所形成的，是一部人造的机器人，当君主可以履行该契约所约定的保证人民安全的职责时，人民应该对君主完全忠诚。他于1651年出版的《利维坦》一书，为之后所有的西方政治哲学发展奠定了根基。霍布斯的思想对其后的约翰·洛克、孟德斯鸠和让·雅克·卢梭有深刻影响，但同时他的社会契约理论与绝对君主思想又有其独特性。

基佐

弗朗索瓦·皮埃尔·吉尧姆·基佐（1787—1874），法国政治家、历史学家，他在1847年到1848年间任法国首相，是法国第二十二位首相。他是保守派人士，在任期间，他未能留心民间的疾苦，对内主张实行自由放任政策；对外则主张成立法比关税同盟，以对抗当时的德意志关税同盟，但这些措施均引起国内和国外的不满。1848年的二月革命，路易·菲利普的七月王朝被推翻，基佐也因而下台。他著有《英国革命史》、《欧洲文明史》、《法国文明史》等著作。

卡尔·考茨基

卡尔·考茨基（1854—1938），社会民主主义活动家，亦是马克思主义发展史中的重要人物。考茨基是卡尔·马克思代表作《资本论》第四卷的编者，是19世纪末德国社会民主党内最主要的领导人之一。

康德

伊曼努尔·康德（1724—1804），德国哲学家、天文学家，是星云假说的创立者之一、德国古典哲学的创始人、唯心主义者、不可知论者，德国古典美学的奠定者。他被认为是现代欧洲最具影响力的思想家之一，也是启蒙运动最后一位主要哲学家。康德哲学理论的一个基本出发点是认为将经验转化为知识的理性是人与生俱来的，没有先天的范畴我们就无法理解世界。他的这个理论结合了英国经验主义与欧陆的理性主义，对德国唯心主义与浪漫主义影响深远。

康德的一生可以以1770年为标志分为前期和后期两个阶段，前期主要研究自然科学，后期则主要研究哲学。前期的主要成果有1755年发表的《自然通史和天体论》，其中提出了太阳系起源的星云假说。在后期，从1781年开始的9年里，康德出版了一系列涉及领域广阔、有独创性的伟大著作，给当时的哲学思想带来了一场革命，它们包括《纯粹理性批判》（1781年）、《实践理性批判》（1788年）和《判断力批判》（1790年）。"三大批判"的出版标志着康德哲学体系的完成。三大批判分别探讨了认识论、伦理学以及美学。

政治上，康德是一名自由主义者，他支持法国大革命以及共和政体，在1795年他还出版过《论永久和平》一书，提出议制政府与世界联邦的构想。其生前最后一本有代表性的著作是《人类学》（1798年），一般认为该书是对整个学说的概括和总结。康德晚年已经以一名出色的哲学家闻名于世，他去世后，人们为他举行了隆重的葬礼。

孔德

奥古斯特·孔德（1798—1857）是法国著名的哲学家，社会学、实证主义的创始人。1817年8月，他成为著名的乌托邦社会主义者圣西门的秘书。1830年，《实证主义教程》第一卷出版，稍后其他各卷（共四卷）陆续出版。1842年出版的第四卷中，正式提出"社会学"这一名称，并建立起社会学的框架和构想。1844年孔德遇到对其理论发生重大影响的德克洛蒂尔德·德沃。受德沃影响，孔德创立"人道教"，并成立了具有宗教色彩的"实证主义学会"。整个19世纪，值得一提的法国社会学家屈指可数，但作为实证主义的创始人，奥古斯特·孔德被称为社会学之父当之无愧。他创立的实证主义学说是西方哲学由近代转入现代的重要标志之一。

李约瑟

李约瑟（1900—1995），英国伦敦人，著名生物化学专家、汉学家，英国剑桥大学李约瑟研究所名誉所长。数次来到中国，先后任英国驻华科学参赞、中英科学合作馆馆长，1946年赴巴黎任联合国教科文组织自然科学部主任。著有《中国科学技术史》（28卷册）、《化学胚胎学》、《中国科学》、《科学前哨》及《中国神针：针灸史及基本原理》等著作。

卢梭

让·雅克·卢梭（1712—1778），启蒙时代瑞士裔的法国思想家、哲学家、政治理论家和作曲家，是18世纪法国大革命的思想先驱，启蒙运动最卓越的代表人物之一。其论文《科学和艺术的进步对改良风俗是否有益》及《论人类不平等的起源与基础》确定了他在哲学史上的地位；他的《社会契约论》的人民主权及民主政治哲学思想深刻影响了启蒙运动、法国大革命和现代政治、哲学和教育思想。此外，他还著有《爱弥儿》、《忏悔录》、《新爱洛伊斯》、《植物学通信》等著作。

罗莎·卢森堡

罗莎·卢森堡（1871—1919），国际共产主义运动史上杰出的马克思主义思想家、理论家、革命家，德国社会民主党和第二国际左派领袖，被列宁誉为"革命之鹰"。在反对资本主义、修正主义和帝国主义世界大战的暴风骤雨中，始终英勇斗争，不畏强暴，展现了高度的革命乐观主义精神。1871年3月5日，出生于俄国占领下的波兰扎莫希奇的一个犹太人家庭，她原是波兰立陶宛王国社会民主党理论家。1898年移居德国柏林，并加入德国社会民主党，是党内的社会民主理论家。1914年，当德国社会民主党宣布支持德国参与第一次世界大战时，她和卡尔·李卜克内西合作成立马克思主义革命团体"斯巴达克同盟"，与社民党内以艾伯特为代表的右倾势力斗争。该组织于1919年1月1日转为德国共产党。1918年11月，在德国革命期间，她创办了《红旗报》，作为左翼的中央机构。1915年—1918年间被多次关押。罗莎·卢森堡起草了德国共产党党纲。她认为1919年1月柏林的斯巴达克起义是一个错误，但起义开始后她还是加以支持。当起义被自由军团镇压时，卢森堡、李卜克内西与其他数百位支持者被逮捕，遭到严刑拷打并被杀害。

洛克

约翰·洛克（1632—1704），英国哲学家，经验主义的开创人，同时也是第一个全面阐述宪政民主思想的人，在哲学以及政治领域都有重要影响。洛克的第一本主要著作是《论宽容》，而洛克最知名的两本著作则分别是《人类理解论》和《政府论》。洛克的思想对于后代政治哲学的发展产生了巨大影响，并且被广泛视为是启蒙时代最具影响力的思想家和自由主义者。他的著作也大大影响了伏尔泰和卢梭，以及许多苏格兰启蒙运动的思想家和美国开国元勋。他的理论被反映在美国的《独立宣言》上。洛克的精神哲学理论通常被视为是现代主义中"本体"以及自我理论的奠基者，也影响了后来大卫·休谟、让·雅各·卢梭与伊曼努尔·康德等人的著作。洛克是第一个以连续的"意识"来定义自我概念的哲学家，他也提出了心灵是一块"白板"的假设。与笛卡尔和基督教哲学不同的是，洛克认为人生下来是不带有任何记忆和思想的。

马丁·路德

马丁·路德（1483—1546），宗教改革运动的发起人。他本来是罗马公教奥斯定会的会士、神学家和神学教授。为了坚决抗议罗马天主教会，他发动了一场宗教改革运动。他的改革终止了中世纪罗马公教教会在欧洲的独一地位。他翻译的路德圣经迄今为止仍是最重要的德语圣经译作。2005年11月28日，德国电视二台投票评选最伟大的德国人，路德名列第二位，仅次于康拉德·阿登纳。

马克思

卡尔·亨利希·马克思（1818—1883），马克思主义的创始人，第一国际的组织者和领导者，全世界无产阶级和劳动人民的伟大导师、政治家、哲学家、经济学家、革命理论家。主要著作有《资本论》、《共产党宣言》。他是无产阶级的精神领袖，是当代共产主义运动的先驱，支持他理论的人被视为马克思主义者。马克思最广为人知的哲学理论是他对于人类历史进程中阶级斗争的分析。他认为几千年以来，人类发展史上最大的矛盾与问题就在于不同阶级之间的利益掠夺。依据历史唯物论，马克思曾大胆地假设，资本主义终将被共产主义所取代。

孟德斯鸠

查理·路易·孟德斯鸠（1689—1755），法国启蒙思想家，社会学家，是西方国家学说和法学理论的奠基人。1748年他出版了《论法的精神》，全面分析了三权分立的原则。伏尔泰夸赞这本篇幅巨大、包罗万象的著作是"理性和自由的法典"。

尼采

弗里德里希·威廉·尼采（1844—1900），德国著名哲学家，西方现代哲学的开创者，同时也是卓越的诗人和散文家，他的著作对于宗教、道德、现代文化、哲学，以及科学等领域提出了广泛的批判和讨论。他的写作风格独特，经常使用格言和悖论的技巧。尼采对于后代哲学的发展影响极大，尤其是在存在主义与后现代主义上。他最早开始批判西方现代社会，然而他的学说在他的时代却没有引起人们的重视，直到20世纪，才激起深远的调门各异的回声。后来的生命哲学、存在主义、弗洛伊德主义、后现代主义，都以各自的形式回应尼采的哲学思想。尼采著有《悲剧的诞生》、《查拉图斯特拉如是说》、《偶像的黄昏》等著作。

欧文

罗伯特·欧文（1771—1858），英国乌托邦社会主义者，也是一位企业家、慈善家。欧文在历史上第一次揭示了无产阶级贫困的原因，并从生产力的角度提出公有制与大生产的紧密关系，他晚年还提出过共产主义主张。他最著名的著作为《新社会观》、《新道德世界书》。罗伯特·欧文是历史上第一个创立学前教育机关（托儿所、幼儿园）的教育理论家和实践者。教育与生产劳动相结合，是欧文对人类教育理论宝库的一大贡献。他认为，要培养智育、德育、体育全面发展的一代新人，必须把教育与生产劳动结合起来。

培根

弗朗西斯·培根（1561—1626），英国哲学家、思想家、作家和科学家，是古典经验论的始祖。他不但在文学、哲学上多有建树，在自然科学领域里，也取得了重大成就。培根是一位经历了诸多磨难的贵族子弟，复杂多变的生活经历丰富了他的阅历，随之而来的是他的思想成熟，言论深邃，富含哲理。他是一位理性主义者而不是迷信的崇拜者，是一位经验论者而不是诡辩学者；在政治上，他是一位现实主义者而不是理论家。他在逻辑学、美学、教育学方面也提出许多思想。他著有《新工具》、《论说随笔文集》等著作，此外，他还有许多名言为众人所知，"知识就是力量"就是其中最著名的一句名言。

普罗泰戈拉

普罗泰戈拉（约公元前490—约公元前420），公元前5世纪希腊哲学家，智者派的主要代表人物。他出生在阿布德拉城，多次来到当时希腊奴隶主民主制的中心雅典，与民主派政治家伯里克利结为挚友，曾为意大利南部的雅典殖民地图里城制定过法典。一生旅居各地，收徒传授修辞和论辩知识，是当时最受人尊敬的"智者"。普罗泰戈拉留传下来的最主要的哲学名言就是在《论真理》中说的，"人是万物的尺度，存在时万物存在，不存在时万物不存在。"

塞利格曼

马丁·塞利格曼（1942—），美国心理学家，主要从事习得性无助、抑郁、乐观主义、悲观主义等方面的研究。曾获美国应用与预防心理学会的荣誉奖章，并由于他在精神病理学方面的研究而获得该学会的终身成就奖。1998年当选为美国心理学会主席。

圣西门

克劳德·昂列·圣西门（1760—1825），法国哲学家、经济学家、社会改革家、空想社会主义者。与实证主义创始人奥古斯特·孔德相熟，曾聘其为秘书。圣西门出身贵族，曾参加法国大革命，还参加过北美独立战争。他抨击资本主义社会，致力于设计一种新的社会制度，并花掉了他的全部家产。在他所设想的社会中，人人劳动，没有不劳而获，没有剥削，没有压迫。圣西门一生写了许多著作，但直到1825年4月发表的《新基督教》这部圣西门最后的著作，才标志着他创建的空想社会主义大厦的完成。

叔本华

亚瑟·叔本华（1788—1860），德国著名哲学家，他继承了康德对于现象和物自体之间的区分。不同于他同代的费希特、谢林、黑格尔等取消物自体的做法，他坚持物自体，并认为它可以通过直观而被认识，将其确定为意志。意志独立于时间、空间，所有理性、知识都从属于它，人们只有在审美的沉思时才能逃离其中。叔本华将他著名的极端悲观主义和此学说联系在一起，认为意志的支配最终只能导致虚无和痛苦。他对心灵屈从于器官、欲望和冲动的压抑、扭曲的理解预言了精神分析学和心理学。他的代表著作有《作为意志和表象的世界》等。

苏格拉底

苏格拉底（公元前469—公元前399），古希腊著名的思想家、哲学家、教育家，他和他的学生柏拉图，以及柏拉图的学生亚里士多德被并称为"古希腊三贤"，更被后人广泛认为是西方哲学的奠基者。身为雅典的公民，据记载，苏格拉底最后被雅典法庭以引进新的神和腐蚀雅典青年思想之罪名判处死刑。尽管他曾获得逃亡雅典的机会，但苏格拉底仍选择饮下毒堇汁而死，因为他认为逃亡只会进一步破坏雅典法律的权威，同时也是因为担心他逃亡后雅典将再没有好的导师可以教育人们了。

维柯

乔瓦尼·巴蒂斯塔·维柯（1668—1744）是一名意大利政治

哲学家、修辞学家、历史学家和法理学家。他为古老风俗辩护，批判了现代理性主义，并以巨著《新科学》闻名于世。

谢林

弗里德里希·威廉·约瑟夫·冯·谢林（1775—1854），德国哲学家。谢林是德国唯心主义发展中期的主要人物，处在费希特和黑格尔之间。谢林的自然哲学受到了浪漫派大诗人歌德的欣赏，也得到了德国自然科学的欢迎。

亚当·斯密

亚当·斯密（1723—1790），苏格兰哲学家和经济学家，是经济学的主要创立者。他所著的《国富论》成为了第一本试图阐述欧洲产业和商业发展历史的著作。这本书发展出了现代的经济学学科，也提供了现代自由贸易、资本主义和自由意志主义的理论基础。

亚里士多德

亚里士多德（公元前384—公元前322），古希腊斯吉塔拉人，世界古代史上最伟大的哲学家、科学家和教育家之一。是柏拉图的学生，亚历山大大帝的老师。公元前335年，他在雅典办了一所叫吕克昂的学校，被称为逍遥学派。马克思曾称亚里士多德是古希腊哲学家中最博学的人物，恩格斯称他是古代的黑格尔。作为一位最伟大的、百科全书式的科学家，亚里士多德对世界的贡献无人可比。他对哲学的几乎每个学科都作出了贡献。他的写作涉及伦理学、形而上学、心理学、经济学、神学、政治学、修辞学、自然科学、教育学、诗歌、风俗，以及雅典宪法。

伊壁鸠鲁

伊壁鸠鲁（公元前341—公元前270），古希腊哲学家、无神论者，伊壁鸠鲁学派的创始人。伊壁鸠鲁成功地发展了阿瑞斯提普斯的享乐主义，并将之与德谟克利特的原子论结合起来。他的学说的主要宗旨就是要达到不受干扰的宁静状态。

伊壁鸠鲁的学说和苏格拉底及柏拉图最大的不同在于，前者强调远离责任和社会活动。伊壁鸠鲁认为，最大的善来自快乐，没有快乐就没有善。快乐包括肉体上的快乐，也包括精神上的快乐。伊壁鸠鲁区分了积极的快乐和消极的快乐，并认为消极的快乐拥有优先的地位，它是"一种厌足状态中的麻醉般的狂喜"。同时，伊壁鸠鲁强调，在我们考量一个行动是否有趣时，我们必须同时考虑它带来的副作用。在追求短暂快乐的同时，也必须考虑是否可能获得更大、更持久、更强烈的快乐。他还强调，肉体的快乐大部分是强加于我们的，而精神的快乐则可以被我们所支配，因此交朋友、欣赏艺术等也是一种乐趣。

伊壁鸠鲁悖论是其著名遗产之一。伊壁鸠鲁也同意德谟克利特的有关"灵魂原子"的说法，认为人死后，灵魂原子离肉体而去，四处飞散，因此人死后并没有生命。他说："死亡和我们没有关系，因为只要我们存在一天，死亡就不会来临，而死亡来临时，我们也不再存在了。"伊壁鸠鲁认为对死亡的恐惧是非理性的，因为对自身死亡的认识是对死亡本身的无知。

《1844年经济学哲学手稿》

《1844年经济学哲学手稿》是卡尔·马克思在年轻时代为了总结自己的思想和弄清思考的问题而写的一个未完成的手稿，由三个部分组成，这是一部研究政治经济学和哲学的著作。该手稿中，马克思根据当时情况，对一系列德国的古典哲学（包括黑格尔的辩证法、费尔巴哈的唯物论）、英国的古典政治经济学（亚当·斯密）以及法国的空想社会主义进行批判性整合。该手稿可以反映出马克思已经完全脱离了黑格尔的理论。

《德法年鉴》

《德法年鉴》是德国"第一个社会主义的刊物"。1844年2月底只在巴黎用德文出版了1—2期合刊号，主编是阿·卢格和马克思。由于当时卢格患病，这一期合刊主要是由马克思编辑的。这期合刊包括卢格写的《德法年鉴》计划、杂志撰稿人之间的8

封通信、马克思的著作《〈黑格尔法哲学批判〉导言》和《论犹太人问题》、恩格斯的著作《政治经济学批判大纲》和《英国状况》，以及其他人写的三篇文章、两首诗、一份官方判决书和编后记《刊物的展望》。马克思和恩格斯在《德法年鉴》上发表的文章表明，他们最终完成了从革命民主主义向共产主义的转变。

《德意志意识形态》

《德意志意识形态》是一本哲学巨著文本，于1845年由马克思和恩格斯合著，于1932年在莫斯科出版。在1847年，《德意志意识形态》的部分内容在《威斯特伐里亚汽船》杂志8月和9月号发表过。本书第一次系统阐述了历史唯物主义的基本原理，如社会存在决定社会意识、生产方式在社会生活中起决定作用、生产关系必须适合生产力的发展等，标志着马克思主义哲学的成熟。此外，本书还批判地分析了当时的费尔巴哈、鲍威尔及施蒂纳的唯心主义历史观，批判了真正的社会主义或德国社会主义的各种代表哲学观点，表达了对科学社会主义的认识。

《反杜林论》

《反杜林论》是恩格斯于1876年5月底至1878年7月初的著作，是一部伟大的马克思主义著作，是马克思主义发展史上的一座丰碑。

《共产党宣言》

《共产党宣言》是无产阶级革命导师马克思、恩格斯受"共产主义者同盟"1847年12月伦敦第二次代表大会的委托，于1847年11月—1848年1月间共同撰写的关于科学共产主义的第一个纲领性文献。它是国际共产主义运动的第一个纲领性文献，是一部划时代的光辉文献。《共产党宣言》以辩证唯物主义与历史唯物主义为理论基础，以阶级斗争为线索，解剖了资本主义制度，阐明了资本主义的发生、发展和必然灭亡的客观规律；阐明了无产阶级作为资本主义掘墓人和共产主义创建者的伟大历史使命；论证了无产阶级革命和无产阶级专政是无产阶级获得解放的唯一道路；批判了打着社会主义招牌的同科学共产主义相对立的各种流派的所谓理论；奠定了无产阶级政党的学说，并确立了党的战略、策略、原则。

《关于费尔巴哈的提纲》

《关于费尔巴哈的提纲》写于1845年春，马克思生前未发表过。最早发表于1888年，恩格斯在《路德维希·费尔巴哈和德国古典哲学的终结》的序言中称这个文件为"关于费尔巴哈的提纲"，并作为该书的附录首次发表。它被恩格斯称为"包含着新世界观的天才萌芽的第一个文件"，"历史唯物主义的起源"。《关于费尔巴哈的提纲》和《德意志意识形态》一起被公认为是马克思主义哲学，特别是唯物史观创立的基本标志。

《莱茵报》

《莱茵报》，《莱茵政治、商业和工业日报》的简称，"德国现代期刊的先声"（恩格斯语，《马克思恩格斯选集》第1卷第514页）。

《路德维希·费尔巴哈和德国古典哲学的终结》

《路德维希·费尔巴哈和德国古典哲学的终结》是恩格斯为论述马克思主义哲学同德国古典哲学的关系，阐明马克思主义哲学基本原理而写的一部重要的哲学著作。写于1886年，同年发表在德国社会民主党理论杂志《新时代》的第4—5期上。1888年出版单行本。20世纪20年代末30年代初传入中国，曾出版过林超真、彭嘉生、张仲实等人的6种译本。这本著作全面论述了马克思主义哲学和黑格尔、费尔巴哈哲学之间的批判继承关系，系统阐述了辩证唯物主义和历史唯物主义的基本原理，具体说明了马克思主义哲学产生的理论来源和自然科学基础，深刻分析了马克思主义哲学在哲学领域中革命变革的实质。

《前进报》

德国社会主义工人党中央机关报，1876年10月1日创刊。1875

年5月召开的德国社会民主党和全德工人联合会哥达合并大会决定，两派的机关报暂时并列为新成立的社会主义工人党的机关报。

《人权宣言》

《人权宣言》，1789年8月26日颁布，是在法国大革命时期颁布的纲领性文件。《人权宣言》以美国的《独立宣言》为蓝本，采用18世纪的启蒙学说和自然权论，宣布自由、财产、安全和反抗压迫是天赋不可剥夺的人权，肯定了言论、信仰、著作和出版自由，阐明了司法、行政、立法三权分立，法律面前人人平等，私有财产神圣不可侵犯等原则。

《人是机器》

法国J.O.拉美特里的著作。在作者因出版《心灵的自然史》一书被迫流亡荷兰时写成，1747年匿名发表。拉美特里根据大量医学、解剖学和生理学的科学材料，证明人的心灵状况决定于人的机体状况，特别着重证明思维是大脑的机能和道德源于机体的自我保存的要求。《人是机器》假定一切生物都具有所谓"运动的始基"，它是生物的运动、感觉以及思维和良知产生的根据。书中明确指出，运动的物质能够产生有生命的生物、有感觉的动物和有理性的人。公开表明唯物主义和无神论的立场，驳斥心灵为独立的精神实体的唯心主义观点，论证精神对物质的依赖关系。

《人是机器》在自然观、认识论、社会历史观、无神论和伦理学等许多方面还提出一系列后来为其他法国唯物主义者进一步发展了的思想。它是18世纪法国第一部以公开的无神论形式出现的系统的机械唯物主义著作。

《神圣家族》

《神圣家族》是一本由马克思和恩格斯在1844年11月创作的书。这本书对青年黑格尔派及其在当时学术界极其流行的思想潮流进行了批判。该书的名称是由出版商提议取的，并用作讽刺鲍威尔兄弟及其支持者。该书引发了争议并使得鲍威尔对此进行了反驳。鲍威尔称马克思和恩格斯误解了自己的说法。马克思之后在《德意志意识形态》中讨论了相关问题。

《政治经济学批判大纲》

《政治经济学批判大纲》是恩格斯的第一篇经济学著作。写于1843年底至1844年1月，1844年2月发表在《德法年鉴》上。中译本收入人民出版社1956年出版的《马克思恩格斯全集》第1卷。研究了资本主义社会经济制度和资产阶级政治经济学的基本范畴，论述了消灭私有制的必要性，对社会主义革命作了初步论证，是马克思主义发展史上第一篇经济学著作。

《资本论》

　　《资本论》是马克思的著作，以唯物史观的基本思想为指导，通过深刻分析资本主义生产方式，揭示了资本主义社会发展的规律，同时也使唯物史观得到了科学的验证和进一步的丰富发展。《资本论》运用唯物史观的观点和方法，将社会关系归结为生产关系，将生产关系归结于生产力的高度，从而证明了社会形态的发展是一个不以人的意志为转移的自然历史过程。

《自然辩证法》

　　《自然辩证法》是德国哲学家弗里德里希·恩格斯一部尚未完成的著作，是恩格斯多年来对自然科学研究的总结。对19世纪中期的主要自然科学成就用辩证唯物主义的方法进行了概括，并批判了自然科学中的形而上学和唯心主义的观念。在恩格斯去世后，1896年发表了其中一篇论文《劳动在从猿到人转变过程中的作用》，1898年发表了其中另一篇论文《神灵世界中的自然科学》，直到1925年才在前苏联出版的德文和俄文译本对照的《马克思恩格斯文库》中全文发表。